闲暇变现
THE PROCRASTINATION ECONOMY

[美]伊桑·图西(Ethan Tussey)著　闫丛丛　译

The Big Business of Downtime
如何抢占海量碎片时间

中信出版集团｜北京

图书在版编目（CIP）数据

闲暇变现 /（美）伊桑·图西著；闫丛丛译. -- 北京：中信出版社，2021.4
书名原文：The Procrastination Economy
ISBN 978-7-5217-0907-0

Ⅰ.①闲… Ⅱ.①伊…②闫… Ⅲ.①经济学—通俗读物 Ⅳ.① F0-49

中国版本图书馆 CIP 数据核字（2020）第 034428 号

The Procrastination Economy by Ethan Tussey
Simplified Chinese translation copyright © 2021 by CITIC Press Corporation
Authorized translation from the English-language edition published by New York University Press
All Rights Reserved.
本书仅限中国大陆地区发行销售

闲暇变现

著　　者：［美］伊桑·图西
译　　者：闫丛丛
出版发行：中信出版集团股份有限公司
（北京市朝阳区惠新东街甲 4 号富盛大厦 2 座　邮编　100029）
承　印　者：三河市科茂嘉荣印务有限公司

开　　本：880mm×1230mm　1/32　　印　张：8.25　　字　数：180 千字
版　　次：2021 年 4 月第 1 版　　　　印　次：2021 年 4 月第 1 次印刷
京权图字：01-2019-4014
书　　号：ISBN 978-7-5217-0907-0
定　　价：59.00 元

版权所有·侵权必究
如有印刷、装订问题，本公司负责调换。
服务热线：400-600-8099
投稿邮箱：author@citicpub.com

致贝姬（Becky）

目 录

引　言 · *001*

第一章　碎片时间经济和移动时段
　　碎片时间经济的历史 · 005
　　碎片时间经济：瞄准碎片时间，打造移动时段 · 016
　　智能手机时代 · 020

第二章　工作场所："零食"与流
　　"零食"的价值：工作场所受众分析 · 029
　　晨间习惯 · 032
　　午餐时间 · 036
　　休息时间 · 041
　　"午餐时间是新的黄金时段" · 046
　　"传媒零食"和节目流 · 049
　　"传媒零食"和平台流 · 055
　　"传媒零食"和劳动流 · 059
　　是开胃菜还是癖好 · 063

第三章　通勤：智能汽车和在列车上发推文
　　订阅服务和平台移动性·073
　　瞄准忙碌的通勤族·078
　　抚慰通勤族·081
　　如同一部移动手机的智能汽车·082
　　为焦虑、忙碌的多任务者打造的碎片时间经济·083
　　短消息成就的高质量时间段·084
　　打破音频泡沫：通勤族和 Spotify 的播放清单·095
　　从被动订阅者到积极的表情包·101

第四章　等候室：从无聊中获利
　　等待这件事·111
　　在压力场所的休闲类游戏·119
　　《辛普森一家：深入探索》的"探索者"·128
　　等待的价值·138

第五章　"互联"的客厅：电视也有春天
　　让注意力数字化·146
　　"全世界最大的客厅"·153
　　推特 Amplify ·155
　　客厅控制技术·164
　　移动设备 vs 智能电视·173

结　论　普适计算和物联网时代下的碎片时间经济
　　物联网·181

智能电器和物联网·183
Snapchat 和定位媒介·185
《精灵宝可梦 Go》和增强现实·189
最后的思考：娱乐的未来·191

致　谢·195
注　释·201

引 言

第二次世界大战期间，工厂主们认识到了工业心理学的发展趋势，所以不惜花费大量时间，希望找到能够提高工人工作效率的音乐。1937年，英国工业健康研究学会（Industrial Health Research Board of Great Britain）展开了一项调查，探究生产糖果的工人的工作效率和六种不同类型、不同节奏的音乐之间有何关系。[1] 众所周知，重复的工厂作业会让人厌倦，导致工作拖延，研究人员希望找到能够抑制这类情况发生的音乐。研究结果显示，在一个工作周期内，工人对持续时间在 1~2 个小时的 "熟悉" 且 "简单" 的舞曲有反应。[2] 这项研究以及类似的研究促使雇主、政府以及公司开始创作能提高工人生产效率的乐曲。[3]

几年后，半导体收音机的出现让每个人都能借助音乐改变身处的环境。显然，音乐对工作场所有积极的影响，但如何保证人们听的均是那种 "适宜" 的、可以让生产效率最大化的音乐呢？1965 年，一篇《纽约时报》（New York Times）的社论描述了现代技术给城市带来的各种噪声以及干扰，狠狠地批判了那些"沉溺于聒噪不已的半导体不能自拔"的"废柴"。[4] 移动设备，无论是半导体收音机还是智能手机，都会暴露个人意愿，威胁体制的秩序，因为它们在公共场合赋予了个人支配权。尽管有这种潜在的弊端，但人们还是设法将智能手机带入了工作。

随着联网移动设备数量的激增，半导体收音机引发的争议进一步扩大，2013年，《广告时代》(*Advertising Age*)的一篇报道表明，人们花在个人移动设备上的时间比其他媒体显示屏上的时间都多。[5] 报道显示，人们经常用个人移动设备发短信、发邮件、浏览网页、打电话、听音乐、下载App（手机软件）玩游戏、查询路线、"打卡"（分享自己的位置信息）等。[6] 这些设备在日常生活中的中心地位让人担忧，技术可能会使人更加孤独，限制人的发展，缩短注意力时长，人们在表达、记忆以及亲密度等方面的能力也会下降。[7] 这些担忧主要集中在移动技术的设计功能以及花在各种设备的时间上。多数人在描述这些移动设备的使用情况时，往往对设备的使用场合避而不谈。而诸如尼克·库尔德里（Nick Couldry）以及安娜·麦卡锡（Anna McCarthy）这样的传媒学者则持不同意见，他们认为，要理解传媒技术，必须结合相应的使用场景。[8] 2015年，皮尤研究中心发表了一篇文章。文章显示，智能手机最常用的五个地方分别是"在家"（99%）、"在途中"（82%）、"在工作时"（69%）、"在排队时"（53%）以及"在社交场所时"（51%）。[9] 在智能设备上花费时间看似无益，但是考虑到其在上述各场合中对既有行为的改进，却也无可厚非。

比如，1985年，美国大学生体育协会（National Collegiate Athletic Association，简称NCAA）锦标赛的参赛队伍增加至64支。加利福尼亚州圣安娜市的一群人，以霍布斯·赫德广告公司（Hobbs Herder

Advertising）的李·安·希利克（Lee Ann Hiliker）为代表，玩起了办公室竞猜。[10] 对希利克来说，锦标赛提供了共同的话题，也是一个深入了解同事的机会，更让她有机会吹嘘自己的母校——亚利桑那大学。像希利克及其同事这样的办公室职员会预测每一场锦标赛的赢家，谁猜对的次数最多，谁就获胜。2006年，哥伦比亚广播公司（CBS）开始提供免费流媒体视频服务，播报NCAA锦标赛的赛况，让员工能够在办公桌前观看比赛。[11] 据Challenger、Gray和Christmas等几家观众研究所预计，整个赛事对国家生产力造成的损失高达几十亿美元。[12] 大部分媒体都注意到了这个数字，开始大肆宣传在工作时间看比赛的弊端。这些危言耸听的报道忽视了一个事实，早在看视频风靡办公室之前，员工们就会讨论赛事、查看得分，或者支起便携式电视机观看锦标赛。[13] 而且，Challenger、Gray和Christmas的统计前提是一个国家的体育迷把全部工作时间都用来看比赛了。[14] 这显然是不可能的。那些对在办公地点看视频表示不满和担忧的人只看到了移动设备的潜在弊端，却忽视了它与当今办公室文化之间的关联。

人们对在通勤途中使用移动设备也有类似的抱怨，移动设备的批评者宣称，移动设备切断了个人与群体的关联。[15] 几十年来，公共交通工具上不乏靠卖唱赚钱的艺人，他们把列车变成了集体的音乐厅。[16] 公共交通部门不鼓励这类表演，但同时表示，如果乘客一定要在通勤路上听音乐，不妨戴上耳机。考虑到这种限制，智能手机实际上为人们在公共交通工具上进行社交提供了更多选择，因为它让人们能远程参与谈话，而且更加低调。

音乐已然成为通勤路上不可或缺的一部分，而在移动设备数量激增之前，在等候室中消磨时间的主要方式则是游戏和解谜，两者的功效是类似的。1996年，《波士顿环球报》(The Boston Globe)的艾琳·麦克纳马拉(Eileen McNamara)描绘了人们用哪些方式打发漫长的等待。[17]她在文章中提到了每天都会到医院陪伴昏迷病人的"候诊室常客"。为了打发时间，这些常客会叫大家一起解谜，抱一抱脆弱的人们，表示安慰。不是所有的候诊室都有这样一位善良的常客，但是移动设备提供了打发时间的工具，比如令人眼花缭乱的游戏，让人们可以随时随地寻找慰藉。

人们也会借助传媒技术来为自己营造更加舒适宜人的家庭氛围，比如，琳达·保尔森(Linda Paulson)在自家的浴室放了一台电视机，打造了一个私密的容身之所，可以暂时忘却日常的压力。[18]保尔森的情况绝非个例，研究表明，人们利用传媒技术和内容摆脱日常纷扰的方式多种多样。[19]传媒技术可以为同事之间的谈话制造话题，讨论共同的话题拉近了彼此距离，有助于增进友谊；显示屏的位置安排既可以帮你开启一段对话，也可以帮你逃避不想参与的对话。[20]智能手机和平板电脑只不过是帮助人们在公共场合中应对自如的最新传媒技术罢了。

早在联网的移动设备流行前，保尔森、希利克以及通勤族，还有"候诊室的常客"会通过观看体育赛事、听音乐、玩游戏、看电视等方式与他人保持联系，在人群中保持独立的自我。智能手机、平板电脑以及笔记本等的灵活特质让这些技术成为万金油，可以用于各种场所，如客厅、通勤途中、工作场所以及等候室等。移动设备与这些具体场所的关联意义深远，因为新兴技术与其主要的使用场所关联甚密。历史学家卡罗琳·马文(Carolyn Marvin)给出了解释：举个例子，电话的发展深受其与家庭关系的影响。[21]因为电话是面向家庭环境的一项技术，生产商不得不面对隐私这个问题。[22] 为了消除人们对隐私的担忧,电话公司发明了私人电话线,并推行通话礼仪。电影史学家罗伯特·斯克拉(Robert Sklar)描述了早期电影院、移民群体以及电影业基础之间也存在类似的关系。[23] 电视的迅速流行也是一样的道理,琳恩·斯皮格尔(Lynn Spigel)认为,其成功得益于电视产业努力把这项技术定位成战后郊区客厅中不可或缺的一部分。[24] 在以上的每一个案例中,传媒技术所倡导的审美和习惯都合乎特定的空间场所。

尽管现代技术让人们能更好地掌控所处的环境,但它同时也让广告公司和传媒公司进一步了解我们日常的生活习惯。传媒公司试图利用我们在具体场合中使用移动设备的习惯和行为,传媒史学家威廉姆·博迪(William Boddy)解释说:"所有新型通信技术的商业运作一般都会包含,公众反复表达其对新产品在家庭内的使用情况的质疑和自利性幻想,以及新技术的媒介这一富有争议的本体和其社交功能这一思想基础。"[25] 这种"反复"和对话的过程要经历五个阶段:"技术发明""文化创新""法律法规""经济分配""社会主流"。博迪的描述为借由文化想象追溯移动设备的发展历程提供了框架,移动设备现在正处于"经济分配"阶段,传媒业和有创造力的企业家想为这种刚刚起步的技术开发长期的商业模式。[26] 根据博迪的理论,一旦一个切实可行的商业模式建立,它就能左右未来的生产者和消费者的习惯。

2007 年,观看在线视频的观众人数与白天看电视的人数持平,娱乐公司从此开始瞄准线上观众。[27] 数字化制作部门,比如新线电影公司的"The Hub"、索尼的"The Station"和"Crackle"、美国全国广播公司(NBC)的"Dotcomedy"等平台专门为线上观众创作内容。与此同时,《纽约时报》观察到，越来越多的美国办公室职员利用休息时间观看在线视频、玩动画游戏、进行社交等，而不是在茶水区闲谈。[28] 据市场调研机构 Visible Measures 称，从东部时间正午至太平洋时间下午 3 点的 6 个小时内，网页点击量猛增，此时正值午休时间，用户会上网浏览各种内容。[29] 企业的数字内容执行官，如 NBC 的数字内容研发副总裁卡罗尔·安杰洛（Carole Angelo）表示，制作公司的确会根据这种观影行为调整其内容和制作计划。[30] 瞄准某一特定时间段的特定观众，让行业老手们掌握了移动屏幕常见的套路和商业模式。智能手机的激增则让娱乐业越发瞄准工作日的线上受众。皮尤研究中心 2015 年的一项研究显示：美国 68% 的成人有智能手机，年龄在 18~29 岁的成人，其智能手机持有比例为 86%；而年龄介于 30~49 岁的成人，其智能手机持有比例为 83%。[31] 这些正是广告公司以及娱乐业公司高度重视的一批人。瞄准这些人的"碎片时间"是为移动设备开设平台和提供服务的指导方针。从移动设备的相关形式和内容中就可以看得出来，NBC 这样的公司为移动手机应用开发了形式简短的节目，因为像 Snapchat（色拉布）这样的应用的主要特点就是，发布内容多为纵向视频，注重手机屏幕的宽高比。[32]

我把努力利用移动用户的碎片时间来创收的行为称为碎片时间经济。本书通过研究移动设备的历史、行业以及空间背景来揭示碎片时间经济。碎片时间经济的出现早于移动设备，但是智能手机以及平板电脑的激增让商业利益大幅增加。碎片时间不同于闲暇时间，就闲暇时间而言，生产者可以大胆假设消费者是在舒适的家中、戏院中，或一个特定的地点寻欢作乐。它也不同于工作时间，因为在工作时间，人们拿起自己的手机是为了完成某项工作任务。它并非"干扰经济"（distraction economy），因为人们主动选择用手机帮助自己在各种环境中随机应变。很多企业会提供针对闲暇以及工作时间的产品和服务，但是多亏了移动设备，传媒公司现在瞄准了碎片时间，想方设法帮我们消磨时光。碎片时间经济背景下的消费者，大多数可以接受他人利用其移动习惯赚钱，因为作为交换，他们获得了享受文化、信息、娱乐以及游戏的工具，让他们得以在各种社交场合中应对自如，也让他们利用移动设备进行对话交流的效果更佳。

传媒公司、设备生产商以及软件开发商均参与了碎片时间的商业化进程，它们就人们对移动传媒使用达成了共识，即优先考虑最活跃、碎片时间创收能力最强的用户的行为和习惯。传媒公司忙着开发传播策略和平台，比如针对网飞（Netflix）、YouTube Red（油管的会员服务）以及 HBO Go（美国有线电视网的电视服务）的移动应用，吸引用户订阅其服务，用流媒体视频来填充人们的碎片时间。营销人员收集采纳各种策略，通过 Snapchat 的"透镜"（lense）、表情包键盘（emoji keyboards）以及 GIF（动态图片）生成器把品牌融入那些会大力宣传其产品的用户的社交。社交媒体平台，如脸书和推特推出了类似新闻流（News Feed）和动态消息（Moments）等界面来简化移动设备导航，让人们在白天的休息时间以及与朋友交流时更容易看到广告。苹果和三星在自家的移动设备上开发各种硬件和软件，比如开发后台音频播放功能，确保人们在碎片时间里开展多项任务时，仍可以使用其 Apple Music（苹果音乐）、Spotify（声田）或 Tidal 等音乐订阅服务。无论是借助内容、市场营销，还是设计功能，传媒公司关注的始终是那些最愿意接受订阅服务、微支付，以及宣传推广的移动用户的使用习惯，利用他们的碎片时间来获取收益。

行业研究＋特定场域分析＋软件研究

研究碎片时间经济需要了解人们在特定场合中如何使用移动设备。琳恩·斯皮格尔和安娜·麦卡锡向我们展示了在特定场合中分析传媒技术的方法。[33] 两位学者所发表的研究，分别从传媒公司的战略、传媒技术的能力，以及人们在特定场合使用媒体的情况等多方面来定义媒体。麦卡锡所提倡的特定场域的方法为学者理解空间变化如何影响公众接受度奠定了扎实的基础。斯皮格尔也一样，将空间关系（politics of space）当作记录驯化（domestication）[①] 新兴技术的一面透镜，她的分析结合了行业出版物以及大众传媒文章中的话语分析。本书依据这些方法，通过调查创造工作场所、通勤途中、等候室内以及"互联"的客厅这四种独特空间的体制逻辑背后的技巧、规则、程序等来定义碎片时间经济。此外，基于对特定场域的人种学分析和场域内的用户生成内容等数据，本书的每一章均提供了用户在这些空间内的活动记录。

本书所呈现的特定场域研究，同时结合了对软件与硬件的分析，正是这些软件和硬件造就了碎片时间经济。新媒体理论这一领域的研究传统，解释了某些技术可供性如何影响使用习惯和消费者与制作者之间权力关系的建立。[34] 移动传媒设备的技术可供性取决于数字技术的根本，第一，使交流成为可能的基础设施；第二，成就用户体验的软件；第三，人们手中所持的硬件。新媒体学者，比如亚历山大·加洛韦（Alexander Galloway）和列夫·马诺维奇（Lev Manovich）认为，代码和数字技术语言本身就存在意识形态上的限制，导致数据库的逻辑、定制化以及

[①] 英国传播学者罗杰·西尔弗斯通（Roger Silverstone）提出了"驯化"的概念，即人们在科技面前不是被动的，人们会创造性地运用网络科技来改造自己的生活世界。——译者注

个性化方面对某些用户更有利。[35] 其他人，比如约柴·本克勒（Yochai Benkler）和皮埃尔·莱维（Pierre Levy）认为，去中心化的数字通信网络有利于民主和合作，动摇了传统传媒公司的经济地位。[36] 在硬件之外，软件这一层面为获得和传播思想与看法提供了一个框架。伊恩·博戈斯特（Ian Bogost）和乔斯·范·迪杰克（Jose Van Dijck）的学术研究指出了软件如何成就了移动设备的某些用途，并描述了这些用途对应的理念。[37] 用通俗的话来解释就是，这些新媒体理论有些技术决定论的倾向。若能在这些理论的基础上，加入基于环境的经济力量分析，我们对碎片时间经济的描述会更加细致入微。

此外，每一章都有对媒体行业的分析，这些行业推出了针对碎片时间经济的内容和服务。在传媒行业研究这一领域的基础上，本书各章节探究了行业贸易对话、分销合同以及制作文化等，从中可以看出创作者是如何理解移动端的受众及其移动"时段"的。阿莉莎·佩伦（Alisa Perren）、詹妮弗·霍尔特（Jennifer Holt）、维姬·迈耶（Vicki Mayer）和约翰·T. 考德威尔（John T. Caldwell）等均在其作品中定义了传媒行业研究，书中认为观察传媒行业内自我指涉（self-reflexive）型的对话有助于人们了解这一创作过程以及对传媒消费者的假设。[38] 采用这些方法需要话语分析、技术行业展示分析，并理解商业模式，了解内容制作、传播及展示所面临的挑战。因此，本书的研究结合了行业出版物以及对关注碎片时间经济的传媒从业人员的采访。了解传媒行业的文化以后，我们会明白哪些移动技术的可供性是可以培养和采纳的，哪些是被削弱的。采用传媒行业的方法十分重要，因为多亏了数字技术，制作人正处在与观众关系的变革期。随着传媒公司逐步理解移动端的受众，它们为自己与观众的互动设定了参数和期待值，利用传媒行业的方法研究碎片时间经济，让我们认识到传媒公司是如何逐步理解移动端的受众的。

通过这些研究方法，本书认为移动传媒设备正处于一场权力拉锯战的前沿，一边是被数字化赋能的观众，另一边则是想要利用在线行为并从中谋取商业利益的传媒巨头。说到新兴的线上娱乐市场，学者分为两派：一派认为，这是观众从传统的发行商那里抢夺控制权的机会；另一派认为，这是国际巨头在殖民移动屏幕，让用户产生一种被赋能的错觉。[39] 争论的关键在于，在互联网推动全球文化和信息流动的同时，究竟谁能从中受益？诸如约柴·本克勒等学者将数字技术的离散本质和线上互动特有的合作文化看作数字技术将要推动形成由下而上的"民间"文化的标志，虽然有些体制影响让其他大众传媒拥有绝对控制权，但数字技术却得以免受荼毒。[40] 而另一些学者，像曼纽尔·卡斯泰尔（Manuel Castells），则从经济现实的角度出发探讨数字技术，并总结说，互联网文化其实是在催生新自由主义的准则，最终还是让媒体巨头受惠。[41]

在公共场合使用移动设备是检验一种新技术的政治潜力的理想途径，在公共场合的移动设备使用情况是指人们利用技术，借由碎片时间经济推出的产品和服务，跨越个人与公共的鸿沟。[42] 我不接受把文化研究与政治经济分析两相剥离的二元对立论，相反，我赞成在特定场合中结合对传媒行业的宏观分析和对文化对象的微观分析这种空间分析方法。碎片时间经济让我们看到了受众和行业之间的冲突，前者希望对内容拥有更多掌控力，而后者却在试图限制观众的控制权，以维持或建立收入流。[43] 这些磋商中的摩擦对我们在日常生活中使用文化有重要影响。通过分析这些问题，比如获取移动设备上的内容的途径或流媒体视频剪辑的质量，可以看出传媒行业在试图将数字娱乐融入其现有的媒体运营过程中面临的挑战。通过分析移动传媒受众、娱乐电影公司、数字传播部门、电视制作人和网络公司，我们得以理解在线传媒文化的制作和消费情况。本书的研究表明，某些受众和行业对我们理解移动传媒文化的影响较大，但是移动传媒文化的意义一直在变，因为碎片时间经济的技术和业务也在不断变化。

在后续的章节中，特定场域分析主要关注个人和公共生活的中间地带，理论家马克·奥热（Marc Augé）把这些空间称为"非空间"（non-place），称其是理解现代身份认同十分重要的场所。[44] 依照奥热的理论，当今的全球公民只有在这些非空间中才觉得最自在，因为无论我们身处世界何地，这些地方给我们的感觉都差不多。阿德里安娜·德·苏扎·席尔瓦（Adriana de Souza e Silva）认为，在这些非空间中使用移动设备使之成为一个"混合空间"（hybrid space），既是虚拟的，又是有形的。[45] 麦肯齐·沃克（Mackenzie Wark）提出的"跨越时空的感知"（telesthesia）的理念就更加抽象了，他认为我们的方位感被媒介在全球的流动传播中和了，因此，那些非空间只因人们在其中使用媒介内容才变得具体起来。[46] 比如，声音研究学者迈克尔·布尔（Michael Bull）指出，人们使用移动设备的同时就是在赋予这些非空间意义，因为有个性化的播放清单，人们可以把一个"冷冰冰的"非空间，变成一个熟悉的"有温情的地方"。[47] 此类理论一致认为，在移动传媒时代，设备定义了人们的空间体验。确实如此，在日益国际化的世界，移动传媒设备可能是帮助一个人有条不紊地生活并赋予空间秩序的关键技术。

在工作场所、通勤途中、等候室内、"互联"的客厅中上演的碎片时间经济

本书每章都提供了一个例子,讲述碎片时间经济如何构建某一特定的临界空间,同时辅以观众如何使用其移动设备参与构建的例子。这些空间关系对娱乐公司至关重要,后者把移动设备当作商业和营销的关键。能够顺应空间关系的跨媒体制作(media franchises)对受众来说会更加有用,也因此会更加成功。

本书第一章提出碎片时间经济催生了移动时段,帮助传媒公司制作内容并向移动用户传播。电影和电视公司、手机运营商、软件开发者纷纷利用穿插于工作时间中的碎片时间创收。移动设备对娱乐行业越发重要,成为后者进行宣传、营销、传播、互动的工具,听众使用智能手机、平板电脑、笔记本和穿戴技术把碎片时间经济的文化和对话变为让自己在公共场合应对自如的工具。本章通过媒体行业研究、文化研究以及新媒体理论,说明移动设备正在激励并彰显某些移动用户的行为,使之成为最优先考虑的移动受众。努力利用移动端用户的碎片时间创收,对移动互联网的发展具有深刻影响。

第二章探索了工作场所的碎片时间经济,由几个案例研究组成,包括福克斯体育台(Fox Sports)的《午间也精彩》(Lunch with Benefits)和围绕工作场所受众的三个例子,本章揭示了娱乐业如何瞄准工作场所宣传其电视节目和电影。通过对娱乐业制作文化的采访和观察,很明显电视网络在有意制作"零食化"(snackable)的内容,对其定位就是"让现代工作不再无聊的一种娱乐方式"。尽管"传媒零食"(media snacking)旨在把受众从一个巨头媒体平台引导至电视和电影屏幕上更多(也更有利可图)

的产品与服务面前,碎片时间经济实际上却让员工有足够的自由为这种内容开发新的、有趣的用途,哪怕是无意为之。茶水区的闲言碎语、办公室友谊、情绪管理只是员工用这些"零食"创造性地与彼此互动,建立关系的部分方式。

第三章研究了通勤途中的碎片时间经济,主要围绕智能汽车技术、户外广告公司、音频流媒体平台以及公共交通机构展开讨论。传媒公司瞄准了通勤途中的碎片时间,认为这一时段是个人用来社交和休闲的。同时,联网的移动设备为人们提供了沟通手段,在此前的通勤途中的沟通是极其困难的。也许有人担心个人主义,担心人们在公共场合会越发疏离,但本章的观点恰恰相反,本章认为移动设备其实增加了社交机会,之前人们很难在这些空间中进行社交。从对亚特兰大地铁(MARTA)上通勤族的移动传媒习惯的研究中可以看出,通勤途中的确存在交流。超过200位参与者分享了个人的观点,提供了其在通勤途中使用移动设备的证明。结果显示,移动设备已经成为维持社会关系的关键,它为人们提供了数字工具,促进了人们与朋友和家人之间的沟通交流。

第四章开始讨论等候室内的碎片时间经济,等候这一行为,是人们直面自己的经济和社会地位的时刻。那些不得不等的人必须要服从某一机构或权威的时间安排,移动设备和碎片时间经济为这些人应对这种无力感提供了工具。通过采访时代华纳旗下的特纳专用网(Turner Private Networks),一家为CNN(美国有线电视新闻网)机场电视网和其他等候室制作内容的机构,本章揭示了过去30年来传媒公司是如何看待等候室内的受众的。安娜·麦卡锡此前针对机场和候机室所做的研究为本章提供了参考和相应的理论依据。[48]除了这些历史记录和对特纳的采访,还加入了对手机游戏行业及其用户的分析。本章通过研究"休闲类游戏"的粉丝，表明移动技术让等候室中的人们获得了掌控感，赋予了其支配权。这些游戏及其粉丝说明了等候室的观众如何借助文化来应对自身所处空间的变化，如何处理自身与某一跨媒体制作的关系，以及如何在公共场合自处。

第五章转向多屏幕的空间——互联的客厅，在本章中，"第二屏"（second screen）应用和智能电视的发展说明，当我们不再盯着电视屏幕以后，传媒公司如何努力利用观众的注意力来盈利。通过调查电视产业和推特的关系，我们认识到娱乐行业是如何理解客厅中的碎片时间经济的。尽管争夺受众注意力这一举动令人担忧，但在调查有线电视家庭对移动端的设计功能有何期待的过程中，我们了解到人们只是把移动设备当作掌控客厅社交活动的工具。通过回顾对客厅观众的研究历史，本章解释了移动设备如何解决了持续几十年之久的电视遥控之争和性别不平等的问题。

基于各个章节的讨论，本书最终得出结论，碎片时间经济对物联网的发展至关重要。物联网是指，在未来，电脑技术会让日常的事物互相关联，提高效率和生产力。在这个过程中，传媒公司将进一步渗透到我们的日常生活中，知识产权主体会发现跨媒体平台管理品牌营销的新方式。本书中的种种论证对这种效率论述提出了警示，碎片时间经济会在普适计算的时代继续发展，这意味着想要把互联技术融入日常生活需要理解人们在特定的场合如何表现。结论部分通过分析《精灵宝可梦 Go》、Snapchat 以及三星的智能电器等，最终将碎片时间经济的原理应用于物联网的理论。亨利·詹金斯（Henry Jenkins）所表达的观点对这一论断十分重要，即聚合时代的主要危险是"参与鸿沟"（participation gap）。[49] 碎片时间经济让那些知道如何让移动设备为己所用的人拥有特权，也就是说，那些理解如何调整手机设置、隐私控制,以及推送通知的人最能掌控技术。而那些不太会调控自己设备的人将面临的物联网则是这样的:其在数字互联的世界中的生活体验会趋于自动化。碎片时间经济下的"参与鸿沟"的演变会对未来互联网和娱乐业的发展产生巨大影响。

《闲暇变现》从媒体行业分析、文化分析、电视分析以及新媒体分析理论的角度对移动传媒文化展开了分析,通过这些视角,我认为,使用的场合对理解移动传媒设备和其相应的文化至关重要。通过在多个案例研究中强调社交场合和媒体的使用,本书批判了过分简化移动技术的看法。本书自始至终都在展示移动传媒技术如何与现有的受众行为相辅相成,本书同时展示了移动传媒技术这一文化产物的发展历史。各章均是在文化研究和媒体研究领域的已有传统和已接受理论的基础上延伸,最终阐释出,与其说移动技术意味着革命,倒不如说它是人类在日常生活中创造性地使用文化的集中体现。

第一章

碎片时间经济和移动时段

喜剧演员路易斯·C.K.（Louis C.K.）经常毫不留情地讽刺移动手机及其用户，在表达个人对移动技术的担忧时，他指出，这一技术会让人不断分心，看不到生活的真相："正因为有手机，人们才会边开车边发短信。我环顾四周，发现所有人在开车时都会发短信。这无异于谋杀，每一个这样做的人都在拿车里乘客的性命开玩笑。但是人们甘愿冒着生命危险，甘愿这样自我毁灭，因为他们连一秒的孤独都不能忍受，孤独的感觉太难受了。"[1]路易斯的反讽反映出他对传媒技术的担忧，这是学者们几十年来一直在研究的话题。传媒和传播技术改变了人与外界的关系，模糊了个人生活与公共生活的边界。在评估电视技术的可供性时，雷蒙德·威廉斯（Raymond Williams）提出了"移动的私有化"这一概念，形容电视让人们足不出户却可以对外界了如指掌。[2]在分析移动电视时，琳恩·斯皮格尔把威廉斯的这个词颠倒了一下，变成了"私有化的移动"，用该词来描述移动设备让人们能够在公共场合感受到像在家一般自在。[3] 人们每一次使用移动设备获取其在移动媒介上的私藏，或在公共场合进行私人对话时，都是在享受这种私有化的移动。移动设备的批评者视之为一层隔离罩，让里面的人与外界隔绝。[4]

移动设备常常犹如一道屏障，把公共生活拒之于外，因此人们总认为移动技术不利于培养同理心，不利于大众团结。文化理论家乔纳森·斯特恩（Jonathan Sterne）认为移动设备导致愈演愈烈的个人主义，人们可以用设备来改变其在公共场合的个人体验。[5] 迈克尔·布尔认为，移动设备可以制造一个"有声泡沫"，让市民同胞之间彼此隔离。[6] 大量围绕移动设备的研究都把关注点放在移动设备对社交的影响上。[7] 兹兹·帕帕查理斯（Zizi Papacharissi）在其著作中写道，移动设备提供了一方私密的小天地，让人在公共空间中依旧能感到自在。[8] 对帕帕查理斯来说，在公共场所使用移动设备是一种政治行为，人们通过"维系现有的关系，并建立新的关系"，从而维护了其个人自主性。[9] 斯科特·坎贝尔（Scott Campbell）的研究证实了帕帕查理斯的某些论断，他发现移动设备通过进一步巩固本就牢固的关系，抵制脆弱的关系，形成了一种"关系网私有主义"。[10] 从本质上说就是，这些设备让我们与所爱之人更容易保持联系，同时也帮助我们与身边的人或事撇清干系。

移动设备会凸显并激励人们在公共空间中的既有行为和应对策略。如果我们要聚焦碎片时间经济，应将移动设备置于合适的空间场合和历史背景下。其实，人们早就开始使用传媒技术来填充碎片时间了，现代移动设备不过是这历史长河中的沧海一粟。只有理解了这一历史，我们才能真正理解碎片时间经济和其背后的逻辑：支持移动设备的使用，认可努力利用移动用户的习惯创收。学者们在探究移动设备的技术可供性以及设备为何受欢迎时，往往忽视了背景因素。比如，坎贝尔主张，移动设备，尤其是智能手机，其可供性提供了"额外一重灵活性，在传播信息、通信和内容的同时，又不影响用户继续从事其常规或非常规的事务与活动"。[11] 坎贝尔对技术的评估很准确——移动设备确实满足了随时与外界保持沟通的需求——但这一技术可供性并不决定用途，也不曾反映为什么人们会在特定场合中使用移动设备。坎贝尔的"关系网私有主义"说明我们使用自己的移动设备是为了寻求自在、熟悉的感觉，但碎片时间经济的历史表明，我们其实一直都在借助媒介实现这一诉求。如能从特定场域的媒介这一历史背景出发考虑移动设备，我们可以更准确地认识到移动技术是如何一步步延伸到社交和文化活动中的。

碎片时间经济的历史

个人移动设备的流行让我们注意到日常生活中的新事物。但是，相比休闲和娱乐消遣，我们在"消磨时间"、多任务并举或碎片时间中所从事的活动经常被看作小事一桩，不值一提。文化批评家和学界认为电影、电视以及视频游戏均是值得分析的艺术形式，而拖延、浪费碎片时间则是效率专家主攻的方向，是需要克服的坏习惯。尽管蒙受这样的污名，但整个历史进程中的移动传媒使用情况揭示出了，不同的技术如何让人们在日常生活中巧妙地穿插娱乐、远距离通信以及艺术等。碎片时间经济的历史表明，移动技术一直用于提高生产效率、娱乐消遣和社交等，以适应特定的社交和空间关系。同时营销公司和传媒公司瞄准了碎片时间经济，试图利用种种移动习惯盈利。碎片时间经济的历史是一部人们在公共场合不断使用移动技术来宣告个人支配权的历史，而传媒公司支持这种渴望，特别优待那些经常把碎片时间花在移动传媒上的人。

书籍

　　移动传媒文化的历史发源于第一项移动传媒技术——书籍。史学家悉尼·舍普（Sydney Shep）解释说："书籍这种物质形式不同于壁画、石碑、图腾或纪念碑，它是一种真正便携的通信技术。"[12]舍普认为，书籍的便携性推动了全球化，这一媒介在日常生活中的出现让那些颇具革命性的想法易于传播。[13]这种便携式媒介自身具备的力量也被视为一种隐患，尤其是对女性而言，她们一向被视为意志薄弱的人，很容易借阅读来逃避现实。更让早期的文化批评家头疼的是，他们担心人们可能会窃书，而且在无人引导的情况下，会从中读到某些邪恶的观点或危险的念头。这些担忧导致了禁书——专为保证人们私下里所读的每一本书都是有益的、安全的而采取的一种做法。[14]

　　为大众着想，控制移动传媒的使用，这一愿景在移动传媒的历史上反复出现。监管者管得了移动传媒的内容，但是管不了人们如何使用这些内容。在公共场合读书为人们创造了大把的机会来从容应对公共空间。玛丽·哈蒙德（Mary Hammond）注意到，19世纪初，"在公共场合比如火车车厢中读书，这一举动的社交功能十分显著，既能避免同车乘客如炬的目光，又可以显现个人的文化品位"。[15] 书的历史说明人们有意用移动技术来调和自身与公共空间的关系，其间不乏各种尝试，企图管控这种技术的应用。把一本书带到公共场合，此举对现状可能是有威胁的，因为读书这一举动传达了一个信号，这个人的注意力和所做的事情都是隐秘的，未必与他周遭的意识形态一致。

为发烧友打造便携设备的时代

20世纪发明的移动电子设备进一步加剧了书籍所带来的问题。早在20世纪初，收音机发烧友就已经在忙着改造军用无线收音机和民用电子产品，造出了早期的便携式收音机。[16] 这些早期的"便携设备"主要用于发烧友之间的收音机比赛，无商业用途。[17] 人类学家迈克尔·布莱恩·希弗（Michael Brian Schiffer）解释说，尽管早期的便携设备多见于户外活动，比如童军夏令营，但主要还是源于好奇心。[18] 业余爱好者主导了无线通信的早期历史。这一庞大的群体由兴趣相投者组建而成，成员多为男性，该群体影响了广播的早期发展趋势。对这一批先驱而言，打造便携式收音机更像科学实验，而非文化传播和开展对话的渠道。

娱乐和文化项目一直不属于广播的范畴，这种情况一直持续到公司开始认识到收音机的商业潜力。整个20世纪20年代，消费品公司，比如 Crosley Musicone、Outing 和 Grebe 尝试利用公众对收音机的热爱，为汽车、野营以及其他夏季活动制作营利性设备。[19]这种设备能够被带到公共场合使用，影响范围甚广，这些特征吸引了早期的使用者。从一开始，移动设备的设计就考虑了特定的公共场合，即在度假期间、在车里、在自然中。这种技术可能不可靠，但是20世纪20年代短暂的便携设备风尚让我们看到了，美国人希望借由移动娱乐来改善其在公共场合的体验。

晶体管收音机时代

20世纪30年代至40年代，便携式收音机的技术更加先进，零部件越来越小，但是设备并没有流行起来，这种情况一直持续到20世纪50年代初。此时，晶体管出现了。晶体管取代了原来体积大、耗能高的三极管，使便携式收音机的价格更便宜，使用寿命也更长。第二次世界大战结束时，美国汽车文化的发展以及青少年营销的兴起对移动传媒产生了巨大影响。便携式收音机让人们有了一种独立感，仿佛可以掌控空间，因为有了它，人们就可以用音乐来改变周围的环境。青年受众的崛起改变了音乐行业，唱片公司开始制作摇滚乐，让青少年可以戴上耳机，不用再理会父母。[20]希弗写道："衬衣口袋里的便携设备，或者，简单说来，晶体管（当时是这么叫的）成了自由和独立的象征，成了用音乐和事物来表达年轻一代的风格和品位的权利。"[21]晶体管在年轻受众中的流行让生产商大吃一惊，他们一开始还以为这些东西对年轻人来说可能太贵了,所以他们原本是瞄准成年人的。[22]青少年希望能自由支配人生,逃避成年人的监管,这种渴望影响了移动设备的设计。决定技术发展方向的不仅有观众需求,对音乐的审美也让人们更加青睐使用耳机。[23]整个20世纪50年代末,便携式收音机制造商,如Zenith等把它们的广告对准了美国的青少年,将这些产品放在青少年经常出没的地方——如甜品店——出售。[24]美国收音机制造商与日本公司在竞争过程中,价格不断下调,到了20世纪60年代末,便携式收音机已经十分普遍。[25]

晶体管收音机让音乐能专属于个人,为听众营造了能伴随其一举一动的"声景"(soundscape)。作曲家默里·舍费尔(Murray Schafer)最早提出声景时是作为城市规划的一个理念,帮助实现公共空间的体制化和有序化。[26]移动设备让听众能制造自己的声景,可能跟体制的设计恰恰相反。它提供了一种个性化却又私密的听觉体验,同时让听者能自己掌控周围的环境。细川周平(Shuhei Hosokawa)发现,一直到20世纪80年代晶体管转变为盒式收音机时,便携式收音机所提供的这种个性化和自主感才真正有所增强。[27]细川解释说这种由移动设备带来的自主感最明显的体现是人们在公共场合的移动方式,听众的声景可以增强自己的躯体体验,会影响听众在一定空间内的步态和路径。[28]这样一来,耳畔的移动设备可以为用户提供一种增强现实服务,赋予其力量,选择如何安排自己的日常。

移动电视时代

移动电视同样也提供了对公共空间的掌控感和自主感,并增加了可视化的元素。斯皮格尔描述了索尼在 1967 年的一则移动电视广告,把移动的可视化比作"免下车"电影院一般的浪漫体验。[29] 索尼的广告意在表达这种美好的幻想正是移动电视与家庭电视的不同之处。此举吸引人的地方和目标人群跟晶体管收音机时代面向青少年的广告类似。两种情况均凸显了便携式设备这种超亲近技术的理念。斯皮格尔点出了渴望电视的移动性往往暗含了性别假设。[30] 一台移动电视意味着人们可以选择自己想看的内容,因为如果有多余的屏幕,男人和女人就不必看同样的节目。斯皮格尔解释说,这一点加剧了性别鸿沟,20 世纪 60 年代,"新边疆"(New Frontier)的政治风气正盛,在这种言论环境中,男性被描述为"运动员和探险家"。[31] 移动电视和大多数新媒体设备的目标受众都是男性,认为他们是最早采用这种技术的用户,这些用户愿意去探索技术的边界。斯皮格尔认为这种性别分歧在后期的移动技术中一直存在,比如家庭办公或移动工种等。[32] 整个 20 世纪 60 年代,移动技术通过刻画让公共和私人领域日益分化的性别差异,不断模糊公共和私人之间的边界。

与此同时,移动电视为家庭提供了在路上也如在家一般的体验,斯皮格尔描述了 20 世纪 60 年代时人们十分渴望在路上看电视,这一活动让人备感舒适又能促进家庭团结。[33]20 世纪 50 年代时,电视主要解决郊区家庭的问题,为他们提供了一扇"了解世界的窗口",帮助他们在足不出户的情况下保持与世界的联系。20世纪60年代的移动电视广告则开始提倡走出家门、享受自然,但同样能享受家一般的舒适。相比便携式收音机呈现的那种体验,移动电视这番天花乱坠的描述推广的是移动设备带来了一种更为被动的传媒体验。移动电视所提倡的是,无须用移动设备创造声景来改善某一片公共区域,你可以忽略周围,把任何地方变为客厅。两种技术都强调把移动设备当作一种个性化的技术,可以让你改变所处的环境。但二者的不同在于,是以积极还是消极的方式面对公共领域。耳畔有一台便携式收音机,人们可以利用声景,不受空间之限,四处神游,有时甚至可以突破交通规则的限制。而观看移动电视,人们虽然还是身处公共场所,却犹如藏身于一个临时的客厅。

车载电话和寻呼机

手机续写了移动设备的演变史,进一步模糊了私人和公共领域的界限。手机与便携式收音机或移动电视的不同之处在于,它让用户之间的沟通更方便了。早期的车载电话和寻呼机为外界提供了一种进入私人领域的途径。长期以来,移动电话都跟工作相关,早期用户主要是出租车司机、卡车司机以及紧急服务从业者和军队。[34] 其他个人移动通信设备,比如寻呼机,则跟具体的职业相关,比如医务工作者,因为这些工具可以让那些忙碌的多任务工作者在不影响其他日常活动的前提下收到信息。[35]1978 年,美国贝尔公司和美国电话电报公司（AT&T）发布了第一批商用车载电话。尽管这批产品的设计初衷是面向全世界，但是在美国，很多工程师、营销人员以及经理都有一种很强烈的感觉，在汽车上推广安装这些新电话会比让人们随身携带更成功。相比个人移动设备，他们更看好车载电话，这反映了人们对这种技术的文化态度、最初的目标受众、当时的技术水平，以及美国人对于驾车出行的极大热忱。相应地，移动手机逐渐与"职场人"扯上了联系，让他们的工作时间更长，原本花在通勤上的时间也变成了高效的工作时间。[36] 20世纪80年代，移动手机从禁锢商业精英的工具变为富人的身份象征。[37] 最终，这种技术成为很多逐个拜访客户的职场人必不可少的工具。[38] 车载电话的费用和局限性决定了其一开始的用途及其与工作的文化渊源。而移动办公人员的灵活工作制则在继续影响移动设备的使用和设计，这自然不足为奇。

随身听时代

20世纪80年代，一项新技术在流行度上超越了便携式收音机——便携式磁带录音机。其中最流行的机型就是索尼生产的随身听Walkman。众所周知，文化研究理论家，包括保罗·杜盖伊（Paul du Gay）、斯图尔特·哈尔（Stuart Hall）、琳达·简斯（Linda Janes）、安德斯·克德·马德森（Anders Koed Madsen）、休·麦凯（Hugh Mackay）和基思·尼格斯（Keith Negus）等，纷纷借索尼的Walkman来证明可以将文化循环

(circuit of culture)①的研究方法应用于文化产品分析。³⁹ 综观保罗·杜盖伊等人的分析,详细记录了索尼为这项技术开展的广告计划,这些广告强调年轻、动感,以及原创性;Walkman 代表了最先进的微型化技术和 20 世纪 80 年代的个性化。⁴⁰ 索尼创造了无数版本的 Walkman 来吸引各种自定义的消费者。⁴¹ 移动和户外使用的理念贯穿所有机型,设备自带卡扣,可以别在腰带上。⁴² 太阳能发电的 Walkman 让用户能够在户外使用,免去了没电的后顾之忧。Walkman 是一种年轻、有活力的技术。是这部分人选择自己的声景,以示与前辈区别的方式。听众再也不用受无线电调谐器作用范围的限制了。能(通过磁带)选择音乐让这些年轻消费者意识到这种自主感。Walkman 深化了那些横亘在能用得起这种技术、能行使这种支配权的人和不能这样做的人之间的经济鸿沟。与此同时,这些移动设备引入了创新表达的新尝试,比如混音磁带和有声书。

掌上游戏机

掌上游戏机是拼图游戏和其他非掌上电子游戏的现代派生物,它建立在移动电视这一现代传媒风尚的基础之上。⁴³ 相比戴

---

① 文化循环的概念是以保罗·杜盖伊为代表的学者在 1997 年研究 Walkman 时提出来的,后来成为文化研究领域的一个理论或研究模型,该流程由五个环节组成,包括生产、表征、消费、认同、规则,这五部分共同构成了文化循环。在这个循环过程中没有哪个环节是起点,各环节彼此之间相互作用。——译者注

上耳机就能听的便携式音乐播放器，掌上游戏机和移动电视均需用户投入更多注意力。但游戏设备比电视活跃多了，这一点在游戏设计和其公共用途上显而易见。诸如美泰（Mattel）、妙极百利（Milton Bradley）和柯乐卡（Coleco）这样的玩具公司在20世纪70年代末至80年代初大获成功，其掌上游戏机的年销售额高达10亿美元，占整个美国玩具行业销售额的五分之一。[44] 但是所有便携式游戏机中最成功、最成熟的却是任天堂（Nintendo）的Game Boy游戏机。该游戏机于1989年发布，其成功主要源于俄罗斯方块的流行，这是一款非常简单的叠方块的游戏，玩家必须从下到上把屏幕中出现的方块堆好。[45] 俄罗斯方块的流行可能始于其简单，因为无须太多的游戏说明，在公共场合等待时，玩这款游戏再简单不过了。

任天堂的Game Boy是1980年其旗下平台Game & Watch发行的一款新版掌上游戏机，是考虑到移动游戏玩家的需求以后应运而生的。游戏研究学者塞缪尔·托宾（Samuel Tobin）曾透露，任天堂的创意团队成立Game & Watch的初衷是，"让现代都市不那么无聊"。[46] 对视频游戏设计师横井军平（Gunpei Yokoi）而言，Game & Watch的灵感源自他观察到了"疲惫又无聊的通勤族竟然在靠玩儿计算器来打发时间"。[47] 在托宾看来，Game Boy的设计初衷是这样的："Game Boy不仅符合市场取向，而且通过重新定义人们该如何打发通勤时间和排队时间，在等候室内、餐桌前、卧室，以及在工作和学校时该如何消磨空闲时间，从而建立了玩这款游戏的场景。"[48] 从这个论断看，很显然任天堂非常注意玩游戏的场合，对决定了移动传媒设备后续走向的碎片时间经济而言，注重场合正是其一大特色。

移动电话时代

第一代手机，被戏称为"砖头机"，它既没有在美国消费者中得到广泛应用，也没有得到广泛关注。第二代手机倒确实在消费者中引起了很大反响，因为它为人们的对话提供了新的文本、信息以及数字沟通方式。20世纪80年代末至90年代初，多媒体手机开始进入市场。但不同于掌上游戏设备，手机上其他功能的研发与消费者需求关系不大，更多是因为电子产品公司努力追求多样化，以使其在越来越大的市场中保持竞争优势。根据国际移动通信—2000标准，3G（第三代移动通信技术）基础建设成为行业标准。3G网络提供了更大的带宽，反过来又为手机的新增功能创造了机会。电话公司把多媒体功能，比如发短信作为一种从这些新增功能中获利的方式。传媒传播学者杰勒德·戈金（Gerard Goggin）指出，电话体现了数字时代的多媒体理念，将通信从语音转变成文字、图像、声音和有触感的事物。[49]发短信这一新增功能尤为流行，它提供了一种私密的语言，只限于朋友之间，可以屏蔽那些非圈内人士。这也一直是移动设备的主题，这种非常规的、充满刺激的用途很受年轻人的欢迎，他们就是最早发短信的那批人。发短信也成为互动式电视的一种新形式，比如，在福克斯广播公司制作的歌唱类真人秀节目《美国偶像》中，观众可以通过短信为最喜欢的歌手投票。

戈金指出媒体对于手机使用的报道让人们重新开始担忧公共和私人空间界限的崩塌。[50] 拉里莎·约尔特（Larissa Hjorth）和英格丽德·理查森（Ingrid Richardson）指出，原来家庭内的、私人的和个性化的东西通过手机——一个亲密的"指尖上的家"——成了相当流动的、微媒化的东西，同时将"身临其境"的体验转变为了"如临其境"。[51] 手机在很多方面扩展了斯皮格尔提出的"私有化的移动"的理念，提供了一种只需待在手机所创造的私人移动空间中，就能轻松与世界对话的方式。

移动传媒的历史解释了一种由来已久的情况，人们会在社交场合使用移动传媒来改善周围环境，彰显自我。移动设备提供了获取娱乐、信息和进行交流的渠道，可以改变公共领域的物理和社交属性。文化理论家米歇尔·德·塞尔托（Michel de Certeau）认为，随着工作和休闲之间的界限崩塌，人们开始想办法在条件有限的情况下采取应对措施。[52] 本书认识到了这一历史，并在塞尔托的理论基础上，将移动设备看作帮助人们在公共场合、各种机构以及媒体公司设计的意识形态内寻求意义的工具。碎片时间经济下的公司和机构为日常生活中使用移动设备规定了有倾向性的行为和社交秩序，传媒公司的生财之道和移动用户的创意之举轮番登场，围绕控制权和意义寻求展开拉锯战，两者共同定义了现代生活。

碎片时间经济：瞄准碎片时间，打造移动时段

移动设备给消费者带来了种种便利，使之能随时进行社交，对

物理空间拥有了更多掌控权，与此同时，传媒公司利用这些移动设备从碎片时间中盈利。娱乐公司努力用自己的内容和服务让消费者忘掉无聊乏味。有业界衡量指标，比如"参与度"和"收视率"来评估哪些产品和服务最能让消费者投入时间和精力。广播行业（电视和收音机）为各种公司瞄准移动受众做了示范，因为它们率先践行了"时段"（比如，清晨、白天、黄金时段、深夜）策略，每天不同时段的体裁、审美和形式都在迎合相应的受众需求。

受根据时段安排节目的启发，尼克·布朗（Nick Browne）这样的学者开始分析节目安排表，认为这一点证明了电视行业所用的方法就是，构建一个理想的观众群，用围绕日常的意识形态之争来吸引观众。[53] 比如说，肥皂剧题材就是专为下午安排的，制片人瞄准的就是在家的妈妈们，所讲述的故事可以穿插在家务之外的碎片时间中。[54] 布朗认为分时段的节目安排表把电视变成了一种文化体制，因为通过节目单可以看出，广播电视网能够反映和强化"工作日、工作周的社交媒体秩序"，并能"在工作和休闲两个世界中找到平衡"。[55] 这些节目安排的策略把电视变成了日常生活的一部分，每一个时段的设计都是为了深化工作和休闲之间的鸿沟。[56]

碎片时间经济围绕我们的碎片时间打造了移动版的时段。碎片时间经济的内容和规划通过把那些在等待、拖延和消磨时间的人塑造成行为主体，同样也调和了效率和娱乐之间的紧张态势。传媒公司创作内容、应用和服务，所基于的观点就是我们会转向手机来填充碎片时间。电视和电影发行商，电缆服务提供商以及流媒体平台通过在移动应用上传播、重新包装或拓展其故事世界[①]，推动了碎片时间经济。[57] 社交媒体平台也是碎片时间经济的一部分，因为它们提供"群组文娱"（communitainment），这是斯图尔特·坎宁安（Stuart Cunningham）和戴维·克雷格（David Craig）所创的术语，指娱乐行业基于用户的创意和社交媒体平台上的交流来创造媒体内容，努力参与数字社群的活动。[58] 移动设备生产商和视频游戏开发商通过开发供特定场合使用的移动功能，推动碎片时间经济发展。尽管公司经常发布的某一项移动策略，其实只是努力把这种休闲经济应用于移动设备，但努力为特定场合的移动设备使用定制内容和服务，对碎片时间经济也同样适用。本书详细介绍了传媒公司如何调整其移动策略，关注特定的场合和受众。正如电视学者会分析时段以了解其潜在的意识形态，碎片时间经济反映了行业对移动受众的看法。

那些推动了移动时段的公司同时也推动了对碎片时间经济背景下的理想受众的定义。从移动设备的设计功能、内容和服务中可以看出其追捧的目标受众。碎片时间经济青睐的受众与艾琳·米汉（Eileen Meehan）对电视收视率的研究中描述的"商品受众"有很多共同之处。[59] 在这篇论文中，米汉分析了电视收视率的历史沿革，解释了宏观经济架构如何影响节目安排的决策和对受众的认识。[60] 宏观经济分析表明，电视行业的"评估形式是基于经济目

---

① 大卫·波德维尔在《电影诗学》里说：我所谓的充满前途的电影叙事诗学的轮廓，可以按照三个维度来寻找构建原则与规范化的实践。第一个维度：故事世界（story world），即它的行为主体、境遇以及周边环境；第二个维度：情节结构，即将叙述的各个要件组织成为我们看到的那样；第三个维度：叙事，即故事世界里一阵接着一阵的信息流。——译者注

标选定的，而非依照社会科学的原则"。[61] 跟收视率一样，传媒行业努力想要理解移动受众，也是源于其渴望利用碎片时间实现经济创收。比如，伊丽莎白·埃文斯（Elizabeth Evans）指出，那些移动视频游戏的资金来源主要是免费增值的商业模式，利用的正是游戏玩家的烦躁。[62] 免费增值的游戏面向所有人，谁都可以免费玩儿（有些是带广告的），但对那些有可支配收入的玩家来说，他们享有直接跳过游戏内规定的等待时间的特权。第四章描述了这种经济策略如何透露出传媒行业对等候室内的碎片时间经济所持的看法。确实，每一章都描述了想要通过微支付、广告以及订阅服务等盈利的宏观经济工作如何作为风向标，影响传媒公司推动碎片时间经济发展的方式。

理解碎片时间经济背后的宏观经济现实十分重要，因为移动设备已经成了互联网的主要渠道。碎片时间经济的发展与互联网的商业转型不谋而合。传媒学者乔纳森·齐特林（Jonathan Zittrain）认为，随着传媒行业建立数字商业模型，互联网初期特有的"繁殖"精神正逐步消失。[63] 在《连线》（Wired）2010 年 8 月刊中，编辑克里斯·安德森（Chris Anderson）和作家迈克尔·沃尔夫（Michael Wolff）提出，万维网终于迈入商业发展阶段了。他们解释说，随着移动计算的兴起，"利用网络进行传播，而非仅仅借浏览器来展示的半封闭平台"掌握了特权，简化了网络导航，创造了方便的传递系统。[64] 这种更方便、更有商业发展前景的互联网的兴起，让互联网使用过程中的某些常态趋于标准化，就本书所探讨的主题而言，则是赋予了碎片时间经济特权。

智能手机时代

2007年，iPhone（苹果手机）的发布是碎片时间经济发展历史上的一个里程碑，因为它引入的移动设备可以执行多项任务，能够为忙碌的消费者分忧。在iPhone发布前夕，苹果公司召开了新闻发布会，将iPhone标榜为"重新定义用户可以用手机做什么"的设备，结合了三种产品："一部手机，一台宽屏iPod（苹果数字多媒体播放器），以及互联网。"[65]苹果一开始的营销计划主攻iPhone可以完成的多种任务，但从2007年起的第二波广告则开始重点关注来自iPhone用户的溢美之词。[66]尤其跟碎片时间经济相关的是一则专题广告，主人公名叫埃利奥特，广告讲述了他的故事，一次埃利奥特去参加晚宴，努力想要记住老板未婚妻的名字。[67]在这则广告中，埃利奥特说，在等老板来的空当中，他用自己的iPhone上网搜索老板未婚妻的名字。另外几则广告，分别把镜头对准了企业家、凑在一起打赌的人、脸书用户，以及一个遇上天气延误的飞行员等，他们纷纷把手机作为在日常生活中从容打发碎片时间的工具。

智能手机的功能也影响了互联网公司和社交媒体平台，两者纷纷开始优化自己的网站，方便移动端使用。自智能手机开始盛行，脸书一直是移动客户青睐的终端，它从2006年起就开发了一个移动平台，也是在同一年，在平台开始研发没多久，脸书就引入了自己的新闻流，重新设计了网站的功能，新闻流相当于一个个性化的"新闻聚合器,可以在用户的社交网络上发布具体的活动,突出与人相关的信息、用户参与的活动,以及用户选择分享的其他信息"。[68] 新闻流曾被称为"社交网络史上最重要的一项发明",对碎片时间经济而言,这一评价十分精准,因为它成了移动设备专为社交而添加的标准设计。[69] 在新闻流之前,脸书用户需要主动搜索朋友们更新的状态,而重新设计之后,所有更新的状态都会自动刷新内容流。这样就从两个层面上推动了碎片时间经济。第一,有效改变了社交网站的商业模式,从网页浏览变为广告赞助的社交互动。[70] 第二,简化了脸书的导航,从而使平台成为可靠的移动应用,可以利用白天的碎片时间与朋友保持联络。广告商现在可以瞄准这些碎片时间,清楚在哪种场合自己投放的广告比较吸引人。尽管重新设计一开始引发了众怒,但它并未影响用户对脸书的热情,毕竟它一直都是用户最多的移动应用之一。[71] 此外,界面设计和广告商业模式也成为定义和获得移动受众的标准策略。

在互联网平台优化其网站以方便移动端使用的同时,电影公司、电视网以及品牌经理开始把智能手机看作推广产品和服务的新屏幕。比如,2007 年,华纳兄弟娱乐公司创造了一个特别的子公司——华纳兄弟家庭娱乐,负责数字传播。[72] 华纳兄弟家庭娱乐的任务包括封装式记录媒体光盘和蓝光光盘、电子销售影片服务点播和下载文件,以及设计数字平台和工具(游戏和社交媒体推广)以支持其媒体资源。2011 年,这一子公司收购了社交电影网站 Flixster,后者拥有电影评论网站烂番茄(Rotten Tomatoes)。[73] 华纳兄弟的数字团队利用 Flixster 的品牌和影评数据库,设计了一个移动应用。用户可以通过此应用获取其平台上收集内容的电子副本,包括电影评论、影片在网飞上的排名,以及为移动消费者提供电影票和电影信息的各种搜索工具。在查克·特赖恩(Chuck Tryon)看来,这一应用在尝试为消费者提供"平台移动性"(platform mobility),换言之,让消费者可以从任何设备上获取各媒介所收集的内容。[74]无论是通过 Flixster 这款应用,还是华纳兄弟在脸书①、[75]iTunes(苹果播放应用程序)[76]或是比特流(BitTorrent)[77]上的尝试,公司与数字受众之间一直培养的关系类似一种承诺,即受众将能在路上看电影和看电视。重视通过移动端获取内容,源于努力想把家庭娱乐的策略用到移动受众身上。[78]尽管在数字传播方面的投入经常忽略具体的使用场合,传媒公司还是制作了很多平行文本和短视频,比如宣传视频剪辑、品牌定制客户端、表情包键盘以及 GIF 生成器等,都能助推碎片时间经济的发展。无论其初衷如何,人们确实会在其碎片时间使用这些产品和服务。

　　碎片时间经济在智能手机和联网移动设备盛行的时代迎来繁荣发展,是因为这些技术模糊了工作和休闲之间的界限,特赖恩的"平台移动性"的理念和琳恩·斯皮格尔与马克斯·道森(Max Dawson)的"灵活休闲"(flexible leisure)道出了行业在努力将移动传媒定位成可以随便吃的自助餐,消费者可以在任何时间、任何

---

① 2011年3月,华纳兄弟宣布,在脸书上增加5部可供出租的电影,表明网络电影租赁市场的竞争越发激烈。该公司本次新增的5部电影分别是《哈利·波特与魔法石》《哈利·波特与密室》《盗梦空间》《我们所知道的生活》《瑜伽熊》。——译者注

地点尽情享用。[79] 但与之相对的是，碎片时间经济详细地体现了娱乐业如何努力吸引移动受众在不同的场合借"零食化"的内容和社交媒体对话来填充自己的碎片时间。接着这一比喻往下说，碎片时间经济的产品和服务就犹如快餐食品行业所提供的产品和服务。

斯皮格尔和道森认为，这种全新的全年 24 小时无休的后工业时代信息经济"后天心律不齐"，将促使电视网放弃习以为常的时段，和基于 8 小时工作日的受众战略定位。[80] 尽管工作日已经发生了变化，对消费者注意力的要求越来越高，娱乐公司还是希望定义移动观众所处的场合，虽然斯皮格尔和道森把"灵活休闲"看作点播内容背后的商业逻辑，但仔细研究媒体行业的努力方向则可以看出，分时段安排节目这种做法并未就此消亡，碎片时间经济背景下到处都是特意设计的内容和服务，对准工作场所的、等候室的、在通勤途中的，以及在"互联"的客厅中的形形色色的人群相应的"传媒零食"习惯。点播服务让消费者有了一定的支配权，他们可以决定在何时如何利用内容，但是传媒公司还是可以决定选择的内容和其可及性。接下来的章节会展示数字平台如何根据其对消费者行为，尤其是空间背景的认识来部署策略。因此，移动设备归根结底还是由碎片时间经济背后的思维方式定义的。

第二章

工作场所:"零食"与流

正午是网站点击量的巅峰,这不算什么新闻,但是过去一年,传媒公司特别留意这一情况,并采取了针对性措施。它们开始制作新的节目,算好了人们感到饥饿的时间,卡着这个时间发布消息。自从意识到正午时间的节目最吸金,它们就开始重新探索如何推销线上广告。

——布赖恩·斯泰特勒(Brian Stetler),
"正午的在线视频带火了在办公桌上吃午餐"
(Noontime Web Video Revitalizes Lunch at Desk),
《纽约时报》,2008年1月5日。

20世纪90年代,随着互联网在工作场所的普及,包括《纽约时报》在内的大多数新闻媒体争相报道"网络摸鱼"(cyberslacking)的害处,还发表了这样的言论,如"网上冲浪似乎让台式机变得无所不能,却独独不能提高员工的工作效率"。[1]对数字化设备带来的干扰感到焦虑,这一现象推动了数字化管理手册这种小众行业的发展,其初衷就是帮助老板和员工抵制点击鼠标的诱惑。在亚马逊网站上搜索"工作效率",会弹出大量的手册和管理指南,教你如何治疗这种令人头疼的"病"。[2]在工作时间上网所引发的种种事端,反映了对移动设备和互联网一般都会占据人们的工作时间,使人们无法高效地完成工作任务这件事,大家多持担忧的态度。但在担忧之余,有几项研究表明"传媒零食"也可以是滋补品,甚至可以提高工作效率和创造力。[3]

鉴于有研究表明数字化的碎片时间"可能相当于'数字版的茶

水区'——有助于提高员工的工作效率",所以有必要先认识一下这些"传媒零食"的构成和其面向的对象。[4]《连线》撰稿人南希·米勒（Nancy Miller）认为零食化传媒的概念是数字时代主要的媒体互动模式："当今，'传媒零食'已经成为一种生活方式。清晨，我们打开笔记本电脑看新闻、查邮件。工作时，我们一整天都在'吃零食'：看视频、刷博客。回到家，大屏的高清电视为我们送上丰盛的视觉大餐——24小时不间断的节目任你挑选。此外，还穿插有移动手机互联网公司所谓的各色小吃：任天堂DS游戏机上30秒的游戏、手机上60秒的网剧、MP3播放器上3分钟的播客。"[5]米勒笔下的"吃零食"和"享大餐"之间的关系也传递了传媒公司的希望，即观众将会把碎片时间当作黄金时段的电视节目这道"主菜"之前的开胃菜，或新电影发布时的前导广告。虽然属于碎片时间经济下的设计产物，但"零食"也可以不只是开胃菜，它也可以是一种癖好，同时也是一种反抗。为工作场所打造的数字内容也可以是满足某些人日常工作需求的养料。

工作场所一直都是一个进行社交互动的重要场所，数字技术只是让这些活动更加可视化。传媒研究学者鼓励采用一种细致入微的方法，在他们所做的研究中，普遍把社会背景当作理解文化的有益因素。很多类似的分析都把诸如性别、社会等级等社会因素考虑在内，但少有学者会考虑具体的场所，比如工作场所。[6]数字内容——无论体现为哪种形式，电影、体育赛事、社交媒体动态、电视节目、网站或游戏等——为在虚拟的茶水区、休息间或午餐桌旁进行讨论奠定了基础。这些讨论是日常工作的旋律，透露着率性，拉近了关系，让工作的地方感觉就像社区。此外，媒体内容也可以作为一种共同的语言，供人们探讨办公所在地的政治或国家层面的政治。

本章中，我认为碎片时间经济让某些员工能用"传媒零食"管理自己的工作日。一些"零食"与白天的时间或工作相对应。碎片时间经济提供了多种选择，使人们可以找到适合自己口味、质感和癖好的"传媒零食"。传媒公司很支持在工作日来点儿"传媒零食"的行为，它们努力构建节目流、劳动流以及平台流，以便得受众和从业者从某一个巨头、服务和产品带至下一个。尽管对工作场所的受众而言，有多种多样的"传媒零食"，但传媒行业却最青睐这一类人：兴致勃勃，随时查看、跟进、评论最新头条，紧跟主流文化对话的人。尽管受众可以自由使用其移动设备，把午餐休息时间花在发短信和跟所爱之人的联络上，但传媒公司其实一直在努力吸引工作场所的受众把其"零食时间"花在本公司推出的产品和服务上。

"零食"的价值：工作场所受众分析

对工作场所碎片时间的研究表明，某些类型的"传媒零食"会比其他类型的更有可能提高工作效率。[7]此外，性别、关系状态、性格类型以及工作量等都会影响享用"传媒零食"的频次和效果。[8]这些研究表明，享用"零食"跟很多背景因素和社会问题有关。马歇尔·麦克卢汉（Marshall McLuhan）最著名的论断就是，传媒技术是"自我的扩展"，他认为，"任何媒介对个人或社会所产生的影响，即任何的自我扩展，取决于每一次的自我扩展或每一项新技术在个人事务中所开拓的新尺度"。[9]尽管有人批评麦克卢汉有技术决定主义倾向,但他对传媒技术如何扩大"人类关联和行为的尺度与形式"的描述其实恰如其分。[10]比如,员工在上班时趁着休息时间与其他同事闲谈,此时他们已经在使用传媒内容。移动设备是扩展这一活动的工具,因为它让更多的人参与进来,提供了不断变化的数字内容,可以引发讨论。随着数字技术和记录其使用情况的能力迅速发展,娱乐公司长期忽视的受众习惯开始自行显露出来。

移动设备通过两种方式凸显了在工作场所享用"传媒零食"的行为:移动性和选择。移动设备是便携的,也就意味着人们可以随时随地享用"传媒零食"。享用"零食"不仅限于在休息室,还可以在任何时候。这种便携性不仅提高了享用"传媒零食"的效果,而且可以获得多种多样的内容也意味着人们可以选择适宜具体场合的最佳"零食"。有些场合需要以音频为主的"零食",有些场合则可能需要短视频,而有的时候人们喜欢聚在一起看完一整集节目。虽然移动设备扩大了享用"零食"的可能性,但移动设备的使用还是取决于日常习惯。多项研究表明,享用"传媒零食"发生在例行流程中,逐渐变成习惯,最终可通过相关的社会因素对此进行预测和规划。[11]"传媒零食"的类型与工作场所的社交动态和工作日的惯例有关。有了移动设备,员工就可以根据具体场合优化其"零食"习惯。

通过对三个工作场所开展人种学方法的观察研究,我们获得了移动设备促进享用"传媒零食"的种种证据。从分析可知,很明显,移动设备是员工驱散无聊、与同事互动、证明其作为知情消费者和公民的重要手段。享用"传媒零食"的具体做法分为三个截然不同的阶段：清晨、中午和下午的茶歇时间。不同的技术、数字平台以及观赏方式分别对应这些"零食茶歇"。总体看来，从员工如何利用移动设备可以看出他是如何度过工作日的：工作的核心是在一套奖惩机制的督促之下完成任务，同时还要维持同事关系，排解现代工作带来的压力。碎片时间经济未必会成为经济发展的累赘，因为移动设备可以帮助员工精心营造出一种更为舒适的工作环境。如此一来，工作场所的传媒习惯同工作场所的其他应对活动几乎并无差别，如在茶水区聊聊八卦。碎片时间并不会影响员工工作效率，而仅仅是一段改良版的吃零食、喝咖啡的休息时间，可以帮助员工重新集中精神，为完成任务而奖励自己。

从事重复性的单调工作的员工对公司运营影响甚微，这类员工最有可能渴望"传媒零食"。[12] 在加利福尼亚州中部的圣巴巴拉和戈利塔地区的两家计算机公司以及纽约的一家大型客服中心到处可见这类员工。第一家公司 Ameravant 是一家网站制作公司，主要服务的企业是加利福尼亚中部的圣巴巴拉商业区。Ameravant 帮助公司提高其网站曝光率，优化其搜索引擎相关性。整个公司共有 6 名程序员，全都在一个房间工作，各自有一张办公桌，桌上运行着多台电脑。Ameravant 的办公室就在老板的房子里，每个程序员就在客厅的一隅工作，所有的员工都可以使用厨房和客厅，所以会议——主要是同事之间或跟客户开会——就在客厅召开。程序员在客厅工作，老板的办公室则在自己的卧室。气氛虽然轻松但是很忙，因为每个程序员都负责维护多家网站。

第二家公司是 Latitude 34，坐落在加利福尼亚戈利塔商业区的路边商场里，公司为圣巴巴拉的很多公司提供 IT（信息技术）支持。相比 Ameravant 的办公室，这里的办公室感觉更传统。Latitude 34 也是一个家族企业，雇用了 7 名员工。办公室有一个开放的平层，放着各种各样维修电脑的工作站。员工早上来了以后，先跟客户联系，大概就知道这一天的工作量了。多数员工大部分时间都在外面，开车去客户那儿修电脑。所有人都在办公室的时候，气氛非常活跃，谈话声此起彼伏，一派合作愉快的气象。

第三个工作场所是一个客服中心，服务对象是一家国家级远程教育公司。[13] 办公室中有好几排隔间，员工坐在电脑前，负责接听不同类型的电话。这家公司办公地方很大，气氛不如另外两家小公司那样融洽。尽管采用的是这种缺少人情味儿的"办公农场"（cube farm）式的环境，但同事间还是有很多合作，整体是一种积极向上的氛围。相比 Ameravant 和 Latitude 34 的员工，客服中心的员工面对的直接监管更少（尽管他们的电脑会受到程序的监测），更多的是各司其职。员工工作量是由电话的数量以及每一部门所收到的邮件量决定的，销售团队的主要职责是往外拨电话，是该公司目前为止最忙的员工；在线技术支持团队则是最轻松的，因为他们的工作不需要立即回复呼叫者的问题。

晨间习惯

这些办公室员工都是用令人振奋的"传媒零食"开启新一天

的,"传媒零食"可以让他们为这一天做好准备。电脑一打开,员工登录邮箱,打开即时消息以及脸书等,就正式进入这一天的工作以及社交中。为了过好这一天,这些地方的员工甚至设置好了移动设备(平板、笔记本以及手机),把它们当成第二块屏幕来用。一名员工把他的第二屏称为"干扰电脑",他用这个来把自己的个人媒介与工作屏分开。"干扰电脑"这个词暗示了他认为个人媒介对他的工作效率有负面影响,所以他把个人媒介与他的主要工作屏幕分开,免得这些设备干扰他的工作。这些移动设备上的"传媒零食"主要是音频内容,包括音乐、广播以及谈话类节目。这些音频将办公室的噪声隔绝在外,帮助员工专心致志地完成任务。实际上移动音频设备并未干扰他们的工作,而是相当于这些员工的工具,使之能通过个性化的产品或服务管理现有的干扰项。

早在移动设备出现前,就开始流行在工作场所使用声音来控制干扰项了。流媒体音频服务可以看作是农民在田间劳作时哼唱歌曲的现代化身,或者是20世纪40年代工厂主在工厂放置的无线电广播。[14] 很长时间以来,老板们相信音乐可以提高员工的工作效率,因此创造了一种声迹(soundtrack),融入了背景,充当了白噪声,掩盖了其他活动的声音。[15] 在工作场所保持安静几乎是不可能的,而收音机以及现在的移动设备,则提供了一种持续的、可控的噪声,有助于员工专心致志地完成工作。研究发现,在从事重复性任务或在准备工作期间听音乐的员工,其工作效率相对较高。[16] 我参观的所有工作场所的员工都相信通过一台个人移动设备享受音乐可以帮助他们为这一天的工作做好准备。更重要的是,他们非常感激可以有这种自由，通过制造一种舒适的白噪声，自行掌控其注意的焦点。

音乐行业通过发展对用户友好、定制化的数字平台为自己在碎片时间经济中争取了一席之地。订阅音乐服务平台 Spotify 为工作场所提供各种各样有助于保持专注的播放清单，其音乐都能融入背景，隔绝令人分心的噪声。Spotify 的用户可以自己制作音乐歌单，员工常常会把自己的歌单加上标签，对应具体的工作场所。比如，Spotify 主打的音乐歌单包括"适合工作时听的流行金曲""音乐加油站""励志音乐间""茶歇时间""办公室混唱""办公室立体声""工作时间来点儿爵士乐""边工作，边摇滚"。我们来看看 Spotify 的用户清单：萨拉－路易丝·特克斯顿（Sarah-Louise Thexton）有一个叫作"宜工作"（流行乐）的音乐播放清单，用户 ihascube 有一个叫作"工作音乐两不误"的音乐清单，丽萨·洛奇（Lisa Roach）的音乐清单名叫"适合工作时听的歌"。这些反映了员工的认识，即有一种特别的音乐适合工作场所。[17]Spotify 及其用户会结合工作场所的节奏制作播放清单，并且会检查自己的音乐品位是否适合公放。

能够管理干扰项在开放式的工作场所尤其重要，因为这样的情况随处可见，多任务工作者可能正在给客户打电话或跟同事探讨工作。在电话客服中心，一排一排的人都在打电话，这就是用数字内容来管理干扰项的绝佳范例：用手机打电话时，员工会使用耳机模式；用自己的电脑解决问题时，则会用头戴式耳机。在 Ameravant 的小办公室，客服经理总是会在程序员办公室隔壁的房间跟客户见面，这让程序员很恼火，两个房间的门经常开着。在办公室坐了几天之后，客服的话也很快开始变成重复性的，员工会用自己的移动设备来对抗这种干扰。有些员工会从自己的 iTunes 资料库中寻求庇护，有些则会听流媒体音乐或广播节目。这些技术类似于个人的收音机，因为它们让员工可以选择某种类型的音乐、一张唱片或者一个播放清单。员工可以通过选择音频的类型，而不仅仅是音乐，从而进一步定制其"白噪声"。比如，其中一名员工就选择在美国国家公共广播电台（NPR）已经看过的最喜欢的电视节目的其中几集以及电影之间来回切换。他解释说可以享用各种各样的传媒服务对提高他的工作效率非常重要。

员工对数字内容的选择经常取决于是用耳机还是通过听筒听。迈克尔·布尔曾经写过他对耳机和移动传媒设备使用的担忧，称这些设备将人们置于自己的"私密泡沫"（private bubble）中，切断了与周遭的联系，因为"耳机里的声音让用户能够按照个人意愿，管理并精心安排习惯的空间。个人立体声是很直接的，耳机就挂在用户的耳边，因此可以用私密化的声音轻松覆盖周围环境中那些随机的杂音"。[18] 一名员工表示他的音乐选择取决于在房间中的人。当身边有一个跟他趣味相投的程序员同事时，他会播放两人都喜欢的音乐，这就提供了一种恒定的背景节拍。如果办公室中只有他一个人，他更倾向于戴上耳机听一些自己感兴趣的广播节目。换言之，能够通过数字服务定制并播放流媒体音乐可以拉近同事之间的距离；独自一人工作时，程序员会借声音来消除自己的孤独感。

能够定制工作时的声迹是移动设备优化日常办公室工作的方式之一。在互联网出现之前，"白噪声"的选项仅限于可以在个人立体音响上播放的媒体，智能手机和其他移动设备让员工可以把播放内容带入工作场所。芭芭拉·克林格（Barbara Klinger）很好地总结了罗杰·西尔弗斯通的作品，她认为家庭娱乐产品的激增扩大了媒体产品和服务在我们日常生活中的角色。[19]尽管她当时的主要着眼点是家庭观赏体验，但她提出重复观赏传媒产品是一个极其个性化的过程，在这个过程中，传媒帮助个人"找到自我"。[20]而工作场所则是另一个可以让人们积极参与自我探索的地方，数字内容固有的便携性和定制性支持这种尝试。[21]最喜欢的电影或电视可能包含让员工重新认识自我的一段对话或一段背景音乐，但是，如果足够熟悉，它并不会对工作相关的任务造成干扰。这些"传媒零食"成了一种听觉享受，用途多多：创造了令人愉悦的背景噪声，让员工可以掌控自己的工作日，可以通过其传媒消费表达自我。

午餐时间

  音乐形式的"传媒零食"可以帮助人们集中注意力，激励员工开始一天的工作，但是到了午餐时间，员工渴望的是更加放松、可以共享的"传媒零食"。移动设备带来的便携性和社群突破了传统的休息间所提供的服务和现代工作日程的限制。服务行业的员工不会结伴去吃午餐，因为需要有人留下来接电话或继续工作（Latitude 34 的办公室是一个例外，员工经常碰到午餐时间还在外面提供服务的情况，因此只好在从一个任务赶往另一个任务的途中停下来吃东西）。不能一起吃午餐，必须严格按照时间规定完成工作，迫于这种压力，很多员工选择在办公桌上吃午餐，无论是从家里带饭还是在外面买了以后带回来。文化批评家讨论过这种"在办公桌上吃饭"的好处,有些说午餐时间离开办公室是很重要的,可以实现自我修复;也有人说现代工作和家庭生活的要求让从容不迫地吃一顿午饭变成奢望。[22] 在办公桌上吃饭时,消费数字内容便成了一种权宜之计:员工可以在工作之余得到短暂的休息,但方便之处在于还是坐在办公桌前,如果出现问题,可以随时响应。

从 20 世纪 50 年代员工要求在休息室中安装电视起,午餐时间放松就已经成为碎片时间经济的一部分。移动设备满足了人们的点播观看和移动性需求,相当于在休息间电视的基础上进一步升级。安娜·麦卡锡提出,大多数"具体场域"的媒介,如休息间的电视机,一般都是由老板而非观众、消费者或员工控制的。[23] 她认为一群人聚在酒吧这样的地方看电视,在很大程度上体现出机构对共同观赏有何期待。比如,在酒吧中观看体育赛事在一定程度上反映了对共同观赏体验的理解,即男性观众希望摆脱更为女性化的家庭空间。[24] 工作场所的观赏体验突破了这些界限,围绕共同的兴趣,把粉丝群凑在了一起,却并未导致对办公室等级和遥控器执掌权的不满。

移动设备让"休息室"移动化,因为它让员工能够自行决定放松的形式和一起看节目的同伴。尽管这种移动性同时意味着疏离,在有些人眼中,这种疏离可谓移动私人化的衰落,但这种移动性的效果却因具体场合而异。不是所有的公司都有休息室,也不是所有的休息室都是联络感情的地方。安娜 – 丽萨·林登(Anna-Lisa Linden)和玛丽亚·尼贝里(Maria Nyberg)把办公室休息间描述为一个展示自我的地方,各种民族和不同的社会等级在这里碰撞,对同事的私人生活评头论足。²⁵ 移动设备在帮助员工战胜这种社交焦虑的同时，又让他们得以在休息室的放松中获益。确实，休息室的本质体现在其局限性上，从员工什么时候必须准备好自己的午餐，到休息间里电视节目的选择，再到员工吃午餐时陪在身边的同事。

移动设备几乎以指数增长的速度扩大了员工午餐时间可选择的观赏内容，让个人可以掌控观赏体验。如果一群员工想要讨论最近播出的电视节目，他们可以一起看（或者重看）、暂停、回放，好让谈话能进行下去，不错过任何情节。这种优化了的集体观赏体验，提高了基于工作场所建立粉丝群的可能性。Ameravant 的一群同事会一起在午餐时间看《每日秀》(*The Daily Show*)，当出现了一个关于最近某事件的玩笑，让一个人捧腹大笑，另一个人却一头雾水时，他们就会按下暂停键，同事们会在暂停的这段时间里，讨论玩笑中所映射的政治事件。在这种情况下，这个节目不仅仅是一个午餐时间的干扰项，它还是生成意义和建立社群这一社交过程的组成部分。在由其限制所定义的典型场合下，员工可以通过回放和暂停这些设计功能控制点播内容，由此获得掌控感。

粉丝齐观赏一般是指人们因共同的兴趣凑在一起，但工作场所的观赏体验则略有不同，同事们彼此的兴趣品位各异，多萝西·霍布森（Dorothy Hobson）曾写道，工作场所粉丝群是看电视过程中意义生成的重要一环。²⁶ 她的分析表明，早在数字技术出现之前，就有很多集体观赏的做法，比如拉帮结派八卦一下最新的话题，办公室的茶水区也有很多类似情况。传媒设备让我们更容易发现什么话题能吸引整个办公室的注意，而且这些话题在午餐的节目点播时可以看到。这样一来，工作场所的观赏体验跟家庭的观赏体验就很接近，不同的家庭成员间建立了品位等级，一起商讨决定看什么。[27]工作场所的粉丝群还跟高中餐厅很像：不同的派系打破了彼此的界限，凑在一起讨论；就数字内容而言，则是围绕共同的兴趣爱好展开讨论。办公室的粉丝群是基于场合临时组建的，在利用数字传媒与办公室同事互动的过程中，共同的兴趣会自然流露出来。

选择《每日秀》作为一个粉丝齐观赏的节目，反映了基于场合的迷文化是如何运作的。根据受众统计数据，《每日秀》吸引的是年轻、受过教育而且很懂技术的观众。[28]Ameravant 的那些 20 多岁的程序员都符合这个条件。这个节目的幽默风格、播放时间以及"随时"可看，使之很适合 Ameravant 的办公室。Ameravant 的许多员工的政治倾向跟《每日秀》上所表达的一致，他们都有共同的心愿：希望每天看一场与午餐时间一样长的节目。相比之下，客服中心的员工就不太可能在午餐时间观看数字内容。在这个客服中心，员工所持的观点各不相同，彼此的午餐时间也不同，另外，员工更替率很高，这些都让这里的环境更加孤立。但是他们还是会在午餐时间通过社交媒体平台找到社群。皮尤研究中心的一项研究发现，在上班时间，访问社交媒体服务频率最高的时间段是休息时间。[29]无论是哪种情况，利用午餐时间享用"传媒零食"既与流媒体平台有关，又体现了人们对社群和社交的渴望。

尽管移动设备可以让员工自行决定如何享用"传媒零食"，但选择的多样性，包括即时串流服务，却影响了三家公司员工的午餐时间。有几名员工计划利用午餐时间看新闻直播和体育比赛，另外一名员工则很喜欢由媒体人、喜剧演员和 UFC（终极格斗冠军赛）播音员乔·罗根（Joe Rogan）所主持的直播聊天。这名员工把自己的午餐时间安排在直播聊天播出的时间段内，体育界人士直播和体育赛事是工作场所尤其流行的数字内容，因为全球一天到晚都在播放各种体育赛事。在 2008 年奥运会期间，尼尔森公司报道，有 20%"正上班的观众"会在工作日观看比赛。[30] 同样，2006 年举办国际足联世界杯期间，白天播出的比赛有将近 40 亿的单页点击量。[31] 渴望收获更多观众（意味着获得更多广告收入）的体育联盟和电视网跟欧洲足球协会联盟（UEFA）达成了协议，把比赛安排在上午，那时正好是美国工作日的下午。[32] 这些流媒体交易催生了正午的"传媒零食"，工作场所的受众每天都在围着这些赛事转。

这些在午餐时间看节目的例子表明移动设备是如何增加办公室休息间的选项和移动性所带来的益处的。在从前，错过了前一天晚上的"必看电视"，一名员工可能在办公室闲谈中就会插不上话；而如今可以随时随地观看点播内容和流媒体平台的内容，同事们可以一起追剧。移动设备也让那些可能无法与同事找到共同语言的人得以与办公室之外的人联系。这些设备让这些员工避开了休息间的社交政治，同时也能享受在工作之余放松的益处。流媒体服务以及社交媒体平台提供的"传媒零食"正是人们在午餐时间想要的。

休息时间

"传媒零食"让员工集中精力,为这一天做好准备,并在一天当中提供放松的机会,但是这些"零食"还可以作为完成一项任务的奖励。上文三家公司的很多员工解释说,他们为自己设定了目标,如果他们在一定的时间段内完成一项任务,他们就奖励自己一些"传媒零食",比如看一看 YouTube 视频,然后再开始下一个任务。一些工作场所的管理层也在推动这项工作——当作一种奖励机制。比如,客服中心的管理层是这样激励员工的,对那些完成一定工作指标的员工,调整其网络防火墙以示奖励。在一天当中,该客服中心的防火墙允许员工在一定时间浏览与工作无关的网站。如果一个员工在指定时间完成了大量的电话接听工作,那么防火墙限制就会放松,允许员工有更多时间访问与工作无关的网站。对限制网络摸鱼的措施,比如防火墙以及监测软件等的研究表明,这些措施会减少享用"传媒零食"的情况。[33] 这类限制也会削弱员工的士气,导致员工感觉被监视,不受信任。[34] 尽管管理层贯彻奖励机制时重点关注的是员工办公桌上的电脑所安装的防火墙,但员工往往会无视这些限制,通过个人移动设备来给自己设定一个享用"传媒零食"的奖励机制。

伊冯娜·朱克斯(Yvonne Jewkes)对监狱犯人的研究表明,当把能上网当作一种奖励时,可以帮助这一机构实现自身规则规范的正常化。[35] 跟任何奖励机制一样,控制人们渴望的对象,比如获取传媒内容的途径，可以要求那些想要这一对象的人执行某些特定行为。对犯人的研究同时表明，传媒内容对犯人理解自身是很有必要的。朱克斯认为，在严格的体制内，传媒内容给了人们必要的工具来改造自我、标记时间，从更大的层面看，让他们能够承受日常的压力。希望大多数工作环境对个人支配权所带来的伤害不像监狱那么大，尽管一些工作场所的传媒内容限制与监狱有些相似。跟监狱不同，在工作场所，在休息时间，利用移动设备看节目，可以是员工和雇主之间的协商结果。员工同意遵守职业素养，作为交换，也要有一定的自由能够消费传媒内容，这样，能够在员工可控的休息时间内表达自我。

　　休息时间是一天当中自我选择或设定好的时刻，此时允许员工把注意力从工作转移到个人感兴趣的话题上，尽管没有全国统一规定的休息时间，一些州政府和各种联合会还是成功地为员工争取了有偿休息时间。这些管控机构认为休息时间在释放压力方面作用显著。[36]墨尔本大学的研究人员表示，把休息时间用来上网的员工比那些不上网的员工工作效率更高。[37]该研究的作者之一布伦特·科克尔（Brent Coker）解释说："短暂且不起眼的休息，比如稍微上会儿网，让大脑得以休息，就能让人更加专注于一天的工作，因此提高了生产效率。"[38]新加坡国立大学的另一项研究把"传媒零食"比作"茶歇"，因为它带来了愉悦，让员工的精神重新振奋。[39]这些发现表明，享用"传媒零食"和休息时间的其他活动一样具有修复作用。

　　同午餐时间享用"传媒零食"一样，这三家公司的员工在安排享用"传媒零食"的时间上也很有战略思想,有一名员工会检查自己最喜欢的网络人物这一天有什么安排,据此安排自己的休息时间。比如,他会在推特上看看某位喜剧演员是不是有谈话直播,或他最喜欢的网剧是不是播放了最新的一集。如果没有对时间要求较高的数字内容,所谓的"茶歇"就变成了在一天中若干短暂的休息间隙内随意上网浏览。客服中心的员工经常会在一天当中反复查看社交媒体网站,有时频率高达20分钟一次,他们会检查一下是不是有人发布了新消息。这些员工表示,他们把日常允许休息的15~20分钟全都花在访问这些网站上了。员工定期享用这些"传媒零食",相当于是在一天当中不时给自己一些奖励。一名员工解释说:"你不可能时刻不停地工作,你总要休息的。"[40] 探索工作场所互联网使用情况的其他研究也有关注工作的类型,在本例中,工作类型是电脑编程和享用"传媒零食"的需求二者之间的关联。[41] 某些现代工作的重复性和单调性让员工把"传媒零食"当作完成任务的奖励。

休息时间不仅是为完成自我修复,也是与同事进行社交的机会。工作场所社交的标志就是茶水区,在这里可以讨论上周末发生了什么,八卦一下办公室政治。茶水区和工作场所社交之间的关系非常密切,以至于家庭影院频道制订了一整个广告计划,前提就是它的节目要能够值得在茶水区被说起。[42] 这一计划反映了同事们会如何探讨前一天晚上的电视节目。数字技术推动了人们在茶水区讨论媒体内容,因为它提供的工具让谈话更方便。在点播放映和移动设备出现之前,茶水区的对话需要所有参与者在前一天晚上都看了某个电视节目；现在，如果有人错过了节目中一个重要时刻，他可以借助数字资源补上错过的部分。如果确如电视学者所说，电视节目在社会的共同语言中发挥了中心作用，那么数字媒体的作用则更进一步，让粉丝可以轻轻松松回味最喜欢的电影或节目、研究一个梗或凭借移动设备实现"路转粉"。[43] 因为数字内容比广播内容更容易获得，几乎办公室每一个人都可以参与茶水区的对话，这样一来，对话就更具包容性，更加多元，也因此更有料。

在休息时间讨论共同感兴趣的东西，这种欲望在我探访各工作场所的过程中十分明显而且普遍。同事间围绕一个视频游戏或一个 YouTube 视频的对话往往会被别的同事听到，会突然变成好几个同事一起围绕一种移动设备展开讨论，他们会一起观看（或回看）这一传媒对象。在 Latitude 34 的办公室中，我曾观察到一个非常典型的例子，一天，在闲聊时，有几名员工决定要在日常的对话中加入关于电影和电视对话。在一次闲谈时,他们说到了《南方公园》(*South Park*)，大家开始畅所欲言，说他们正合力完成的工作就像是"超级谷物（super cereal，这个短语出自《南方公园》"人熊猪"一集），其中一名员工对那一集不熟悉，所以另一名员工就向他描述了那一集的内容，然后那名员工疯了一样上网搜索剧中人物使用这一搞笑短语的那个片段。

如此享用"传媒零食"不仅仅具有修复作用，而且就像是在办公室的茶水区稍事休息一样，它为员工提供了进行社交和增进联系的机会。文化所指可以决定哪些人是圈内人，哪些人是圈外人。约翰·菲斯克（John Fiske）曾经以俚语术语和文化参考作为一种文化资本的运作方式，使圈内人和圈外人划清界限。[44] 从之前的例子中可以看出，移动设备有助于跨越这些鸿沟。基于网页的内容非但不排斥对内容不熟悉的人，反而让不明所以的人可以快速了解人们的所用和所指，故而更具包容性。享用"传媒零食"就这样建立起人与人之间的连接，成为粉丝团发展过程中一种重要工具。正如曼纽尔·卡斯泰尔所指出的，数字技术让兴趣相投的同事因为他们认为有意义的文化事件而非广播网所规定的事物，聚在了一起。[45] 这种社群建立的方式在如工作场所的梦幻体育联盟，以及大家聚在一起看节目、开派对和传播火爆视频的过程中达到了巅峰。

　　根据我对拜访的几家办公场所的观察，享用"传媒零食"有一个显著特征，它优化了原来已有的碎片时间，如咖啡休息时间、午餐休息时间以及零食时间等。享用"传媒零食"的证据印证了在组织和管理领域开展的更广泛的研究所得出的很多结论，这些研究表明，享用"传媒零食"，在一定程度上有助于自我修复。此外，这种享用"零食"的习惯适合工作日的节奏。移动设备让我们可以通过点播途径获得数字内容，让员工能决定享用哪些"传媒零食"，针对当天具体的情况选择自己喜欢的"传媒零食"。移动设备让员工能够定制自己的"零食"，同时让休息时间的修复功能更强，因为它让员工能获取自己最喜欢的"零食"。移动设备的无所不能，同时也让员工可以依据某一天网络上提供的具体内容管理自己的"传媒零食"。传媒公司在借各种各样的"传媒零食"瞄准碎片时间经济的同时，也推动了享用"传媒零食"的时间表安排。

"午餐时间是新的黄金时段"

　　传媒公司在创造"传媒零食"方面的战略头脑绝对不亚于工人按照工作日的具体情况分配自己的"传媒零食"。网络剧的制作历史反映出"传媒零食"制作深受既有传媒行业的影响。艾马·琼·克里斯蒂安（Aymar Jean Christian）解释说，网络制作的营收只允许"根据利润检测媒介的效果"。[46] 碎片时间经济缺少可观的收益意味着，为工作场所而设计的"传媒零食"本身也是为了支持和促进已有的传媒行业，比如电影及电视节目。传媒公司制作、传播"传媒零食"，将其包装为开胃菜，其实是有意引诱工作场所的受众将其产物融入日常的惯例和对话中。"传媒零食"通过从移动设备到电影和电视节目等的跨平台流、节目流以及劳动流实现了品牌维护和人员培训。

　　福克斯体育台的《午间也精彩》节目就是一个面向这种碎片时间而制作节目的例子。《午间也精彩》主要包含各种专为工作场所的受众打造的网络电视节目，其设计目的就是让体育粉丝们看完周末赛事之后，在周一调动其积极性，鼓励他们看看电视台的节目安排，好为下个周末的比赛做准备。在接下来的这周，每天都会播出新一集的网剧，每一个网剧都是不同的体裁和风格，从访谈节目到工作场所的情景喜剧，再到喜剧剪辑，乃至体育策略类的节目，无所不包。每天中午，这一天的网剧都会出现在MSN.com（搜索网站）和各种福克斯体育台应用的登录页面。周一的《与杰伊·格莱泽一起进行赛后回顾》(The After Party with Jay Glazer)和周二的《布赖恩·比利克带你听听教练怎么说》(Coach Speak with Brian Billick)是对上周末橄榄球赛进行总结和分析的两档节目。周三和周四播出的《大学实验》(The College Experiment)和《办公室的故事》(Cubed)会针对体育界发表一些比较幽默的评论。周五的《幕后探访》(The Inside Call)会预告接下来的比赛，介绍福克斯体育台《周日橄榄球之夜》(NFL Sunday)的电视节目主持人如何为周末播出的节目做准备。每一个节目持续大约半个小时，各自都有赞助商。

《午间也精彩》节目在开播3年后停播。在2009年刚推出时曾得到大力宣传，最终成为2012年发布的福克斯体育台应用中的精选版块。尽管这个系列持续时间不长，节目安排逻辑以及相关做法却经常被媒体行业的数字部门效仿。《午间也精彩》节目曾大受欢迎，努力将传统的节目制作和数字传播相结合，道出了碎片时间经济文化下受众的普遍心声。

福克斯体育台在媒体发布会上发布《午间也精彩》时，对它的定位是新成立的福克斯体育台数字娱乐部门的王牌。这一新版块通过为工作场所的受众提供工作日期间观看的网络系列节目，肩负让"午餐时间成为新的黄金时段"的重任。[47]在这一声明中使用的"黄金时间"说明福克斯体育台已经认识到数字内容及建立数字时段的重要性。这一术语和战略让碎片时间经济和传统的电视制作相关联。福克斯体育台数字娱乐的故事象征着其为碎片时间经济创作内容所付出的努力。这一电视网专门对准工作场所中的受众，重新利用从多年创作电视节目中摸索总结的流程和见解，努力提供零食化的内容，希望实现福克斯这一巨头的品牌提升和特许经营权升级。

《午间也精彩》是最早利用移动传媒带动碎片时间经济变现而进行的尝试。其成败史反映了传媒公司的自省过程，它们明白了对移动受众来说，什么才是合适的。就像传媒历史上其他时段的发展一样，工作场所的时段培养了传媒行业对节目的"常识"性的看法，要平衡收入期待、节目审美以及受众这一概念。传媒行业的学者将这些"常识"性的假设问题化，通过分析制作文化、探寻创作背后的信仰，从而揭露深层的意识形态，就本书所讨论的主题而言，则是揭露碎片时间经济的价值。[48]《午间也精彩》的制作文化让我们看到，如何才能发展出一种"常识"，这种"常识"启迪了互联网的节目安排，使节目可以干脆利落地融入不同的产业流中，包括节目流、平台流以及劳动流。

在分析《午间也精彩》这一碎片时间经济影响下的制作文化的例子时，我对福克斯体育台 2009 年 12 月刚开始制作节目时的办公室、拍摄间以及其他场所展开了人种学研究观察。通过这种片场分析，我能够套用保罗·威利斯（Paul Willis）的话，"自下而上进行理论归纳"，厘清对在线受众、数字制作以及职业发展的理解如何影响节目制作，并制定标准，让福克斯体育台重拾传统的商业实践。[49]我不敢妄言自己比这些创作人员更加理解其文化，但是通过对行业贸易出版物的观察和分析，我对制作文化有了自己的看法：正是在这种文化的启迪下，才有了最早为培养工作场所受众所付出的种种努力。

"传媒零食"和节目流

《午间也精彩》系列节目几经辗转才为所有节目争取到了赞助商,因为在 2009 年时流媒体的线上广告还处于萌芽状态。尽管收益方面有所欠缺,但福克斯体育台坚持每周制作五个 20~30 分钟长的网络节目。2015 年《好莱坞报道者》(*Hollywood Reporter*)的调查显示,制作一集电视节目需要花 350 万美元。[50] 如果这一系列节目很成功,节目的制作时间和金钱投入可以获得成倍回报,赢得更多广告费,最终的结局是被出售或出租给流媒体网站、家庭录像公司,或沦为辛迪加交易的对象。[51] 一个节目可以传播的窗口越多,价值就越大。价值越大,节目可以获得的预算就越多。[52] 针对碎片时间的内容一般每集的制作成本约为 5 000 美元,通常所获得的收益很少。[53] 收益不佳意味着像《午间也精彩》这样的节目的设计初衷就是,通过提醒工作场所的受众关注福克斯体育台的电视节目,支持其大企业伙伴。诸如《午间也精彩》这样的节目在"电视前沿"(television upfronts,年度电视行业盛会,其间美国各电视网都会争先向广告商介绍自己当季的电视节目安排表)上推广时会被当作给广告商的额外福利。[54] 广告商获悉,如果他们在福克斯电视频道上买时间,可以得到的不只是广播曝光度,还有公司数字节目的支持。[55]《午间也精彩》和福克斯体育台的电视节目之间的协同关系影响了专为碎片时间经济制作的"传媒零食"。

《午间也精彩》的全体演员和工作人员明白,他们的工作就是要吸引观众看福克斯体育台的节目,无论是在网上还是在电视上。这种战略落实到实践中,就是电视和线上交叉推广。福克斯体育台播出的美国职业橄榄球大联盟(NFL)和大学橄榄球比赛包括图片插播广告,鼓励受众在工作周期间随时关注《午间也精彩》。作为回报,《午间也精彩》会制作并宣传即将到来的赛事。电视学者珍妮弗·吉兰(Jennifer Gillan)把这种宣传称为"期待媒体",认为它可以跨数字平台拓展电视流,把数字制作的焦点放在对当前电视节目的分析、提问及预测上。[56] 体育节目的叙事方式不总是连续的,但一个橄榄球赛季可以连续五个月占据每周的节目安排。《午间也精彩》为即将到来的比赛制造期待,就是在支持 NFL 和大学橄榄球赛季的发展。跨平台流的战略不仅将碎片时间经济的原则用于这种短暂的推广,而且还对《午间也精彩》的数字制作有审查的效果。《大学实验》的制作人解释说,他们的编剧不得不删减节目中粗鲁而冷漠的幽默以及高频出现的性,因为福克斯体育台的 NCAA 的合作伙伴不想与这些可能有冒犯意味的内容扯上关系。[57] 此外,他们解释说,为了让福克斯体育台的网络伙伴 MSN.com 在其登录页主推自己的内容,他们必须找到能吸引大批受众的内容。要服务工作场所的受众、电视伙伴以及网络伙伴,这种种要求对数字团队而言是一个很难企及的目标。这些限制催生了"传媒零食",这是有预见的媒体的逻辑和协作式伙伴关系彼此妥协之后的结果。

《午间也精彩》和福克斯体育台的合作培养出的这种舒适的关系的确帮助这一系列锁定了适销的用户群体。2009 年,新奥尔良圣徒队是 NFL 最优秀的球队,在整个赛季处于不败之地。《午间也精彩》制作了一个采访圣徒队后卫乔纳森·维尔马（Jonathan Vilma）的视频，被 MSN.com 选出来放在流行的线上平台的中心位置。[58] 这段视频吸引了大批观众，流量统计数字显示一部分观众在这一周经常会再次访问《午间也精彩》，希望观看其余尚未播出的内容。[59] 制作人解释说，尽管考虑到内容，他们不太可能把所有内容都放在 MSN.com 的中心位置，但围绕福克斯 NFL 节目相关新闻人物开展专题报道，在过去一直是比较奏效的战略。可以放在《午间也精彩》中心位置的其他类型的内容包括精彩瞬间、丑闻头条以及爆炸性新闻——均是很吸引人的、零食般的内容，可以看作目标受众在午餐时间的理想内容选择，也为福克斯体育台的电视合作伙伴提供了支持。

在这些推广流的例子中，《午间也精彩》犹如一座桥梁，让观众刚看罢一个节目的闭幕致谢，马上又看到下一个节目的开场标题。《午间也精彩》是已经结束的赛事的延续，会为橄榄球粉丝提供信息、分析、回放，使之对下一周的比赛产生期待。体育节目安排尤其有利于"传媒零食"的推广流。正如维多利亚·E. 约翰逊（Victoria E. Johnson）指出的，体育节目"很容易解析成'字节'很小的信息或亮点和新闻快讯，最适合微型化技术和散点播报"。[60] 约翰逊发现了体育赛事和移动内容之间天然的关联，因为体育赛事中的高光时刻可以脱离其原来的背景，变为"传媒零食"。[61] 体育赛事的高光时刻固有的"零食"特性让《午间也精彩》的制作人在体育界的审美、工作场所受众以及"传媒零食"的逻辑之间建立了关联，这才有了节目流的策略。

体育节目安排可能是这种节目流策略的理想之选，但情景类的电视剧也在采用这些方法。在采访福克斯市场营销高级副总裁史蒂文·梅尔尼克（Steven Melnick）时，他表示节目播放流策略成了制作人在YouTube、MySpace（聚友网）和推特上创作零食化数字内容的一个准则。[62] 梅尔尼克的团队负责管理受众在推特上对CBS的情景喜剧《老爸老妈的浪漫史》（*How I Met Your Mother*）的反馈意见，主要负责挑选剪辑的片段、制作网站、代表剧中人物发推文。在《老爸老妈的浪漫史》播出期间以及播出之后没多久，某个编剧就会以剧中极受欢迎的人物巴尼（Barney）的身份发推文，拓展剧情，用数字形式塑造人物。[63] 在新的一集即将播放的一周，巴尼和剧中人物就会发推文，而且是以其在剧中人物的幽默口吻来评论时事。新的一集即将播出时，所有《老爸老妈的浪漫史》中的人物都会发推文，提醒大家这部剧当晚会播。每一个推文都会在工作时间发布（一般都是午餐时间），告知工作场所的受众当晚的电视节目安排。据梅尔尼克透露，数字团队采用这种节目安排是因为，"虽然现在推特已经无法带来网络和流媒体收入，但市场营销还要靠推特，通过推特能与消费者直接讨论他们到底喜欢这部剧的哪些地方"。[64] 梅尔尼克的看法反映了创作圈的一种共性，碎片时间经济有助于团结受众，但无益于增加收益。如此利用碎片时间经济可以把受众框定在更加有利可图的传统媒体产品和服务上。每周的工作日在线上与粉丝互动，从而把工作场所变成了互动式的营销场合，对制作人和粉丝均有益。

有一类电视节目全力支持工作场所的节目流，那就是深夜脱口秀节目。如《今夜秀》（The Tonight Show）、《深夜秀》（The Late Night）、《吉米鸡毛秀》（Jimmy Kimmel Live）、《每日脱口秀》、《周六夜现场》（Saturday Night Live）、《柯南秀》（Conan）等，从电视流行之初发展至今，已经成了重要的网络广播。优秀的喜剧人会用机智幽默的方式总结前一天发生的事情，让人们带着笑入梦——对广播的老看法。但是这些节目中出现的话题性的喜剧评价以及其短小的篇幅很像《午间也精彩》中使用的体育赛事精彩瞬间剪辑，因此，夜间节目特别适合碎片时间经济。[65] 夜间节目在数字平台上十分流行，尤其是在年轻一些的观众群中。[66] 特纳广播公司（TBS）的基本有线电视网所播出的柯南·奥布莱恩（Conan O'Brien）的夜间秀在收视率方面不敌广播网的夜间节目，但它在数字指标上却常常超越后者。[67] 能够吸引工作场所的受众，这种能力有助于电视网的品牌推广，并且正日益成为夜间节目成功的显著标志。关注工作场所的受众和交叉推广流影响了夜间节目的风格和角色分配。吉米·法伦（Jimmy Fallon）在夜间节目上取得的成功很大程度上归功于他能够精心制作小品，可以吸引工作场所的受众。[68] 乔恩·斯图尔特（Jon Stewart）从美国喜剧中心的《每日脱口秀》离开，此举也被解读为是在欢迎更年轻、更了解网络的主持人，毕竟后者才能利用碎片时间经济创收。[69]

约翰·T.考德威尔把这种推广策略叫作"第二班传媒美学"（second-shift media aesthetics），鼓励观众通过各种各样的平台关注某些内容。[70] 考德威尔引用了NBC《情理法的春天》（Homicide: Life on the Streets）中冒险行事的一个例子，描述了数字内容如何跨屏引导电视观众，让观众花费更多心力追最喜爱的电视节目。[71]这种模式在带给观众全新的互动体验的同时，又结合了熟悉的广告商业模式。埃拉纳·莱维内（Elana Levine）解释说这是后网络时代的肥皂剧会使用的策略。[72]随着肥皂剧收视率下降，制作人开始开发线上游戏以及独家内容，希望观众重新回归白天播出的节目。莱维内说这是一举两得的事情：既增加了线上广告的收入，又推广了白天的节目。随着更多的节目开始使用互联网来刺激疲软的收视率，碎片时间这一时段变成了节目播出当天重要的部分。它在提醒观众创收能力更强的电视内容的同时，还推动了系列节目的剧情发展，也收获了更多受众。

《午间也精彩》的制作人不仅借"第二班"策略为母公司福克斯这一传媒巨头创收，同时还采用了另一种常见的节目策略，文化理论家雷蒙德·威廉斯所谓的"流"。这里的"流"指商业电视想方设法鼓励观众观看无穷无尽的内容流。[73]流在电视上是可以实现的，因为电视内容不同于电影或文学，它是无尽的。只是从节目到广告再到新节目这样的转换罢了。约翰·埃利斯（John Ellis）和简·费厄尔（Jane Feuer）优化了威廉斯提出的流的概念，指出电视节目用拼接到一起的多个片段，来吸引特定的受众。[74]传媒理论家把电视描述为一种自带干扰效果的观赏媒介，因为电视是在家里看的，比如厨房中的活动，就可以让观众把注意力从客厅的屏幕上移开。对移动受众也有类似的描述，因为人们经常会在公共场合使用其设备获得"传媒零食"。干扰式观赏体验或零食化的媒介，无论是面向电视，还是面向线上的工作场所受众，其共同特点是鼓励制作人采用类似于电视制作中采用的美学策略。[75] 因此,《午间也精彩》的制作人才会用抓人眼球不超过半小时的内容来吸引工作场所的受众,因为这种做法符合受众在工作场所对多重任务和享用"传媒零食"的期待。正是这种共识解释了为什么针对碎片时间制作的电视节目都短小精悍。类似的时间安排策略让电视成为日常生活的一部分,每个时段的设计面向不同的受众需求和场合。[76] 碎片时间经济复制了这种节目制作策略,让受众跟着节目安排走,建立了工作日的社交秩序。

"传媒零食"和平台流

节目流策略的开发源于碎片时间经济缺乏广告收入。这种缺憾让传媒公司将工作场所受众和移动设备看作宣传电视和电影内容的有力武器。尽管达到宣传的目的才是第一位的,但传媒公司仍旧把碎片时间经济看作检验电视节目内容的低风险试验场。多媒体联合巨头的数字分支,其运作有点儿像小型的电视公司。电视行业模式的限制影响了为碎片时间经济制作的内容。《午间也精彩》的结构和商业模式在一些层面很明显是遵循电视的指导方针:关注18~49岁的目标人群,吸引赞助商,复制脱口秀这种广为人知的体裁(《与杰伊·格莱泽一起进行赛后回顾》)、工作场所喜剧(《办公室的故事》)、体育新闻和分析节目(《布赖恩·比利克带你听听教练怎么说》)、剪辑节目(《大学实验》)、幕后专题节目(《幕后探访》),这些节目的成功在于,它们跟电视一样,与受众和赞助商建立了联系。

《午间也精彩》的制作人朱迪·黄·博伊德（Judy Hoang Boyd）表示，这些节目最终的目的是培养一批能吸引广告公司的观众。她说网络内容就是一个"试点"，可以证明一个节目"可以上线了"。[77] 开发可以在电视上播出的数字节目，这一出发点对《午间也精彩》的制作人如何理解其工作具有指导意义。他们肩负着为工作场所的受众制作节目的使命，他们对这批受众的理解，与对传统的电视观众的理解一样，都是娱乐导向和休闲导向。按照本章前半部分所探讨的办公室人员的"传媒零食"，《午间也精彩》对受众的理解只适用于人们所渴望的"传媒零食"——利用午餐时间看节目。《午间也精彩》的制作人认识到线上的工作场所受众是不一样的，并从美学和风格两个维度进行检测，反映这种不同，最终他们在追求能实现跨平台流的节目内容的过程中放弃了其他形式的"传媒零食"。

节目《大学实验》就是制作团队如何努力管理跨平台流的一个例子。2009年9月14日—2011年9月8日，《大学实验》模仿精彩剪辑节目的形式，这种形式是被付费电视频道E!推出的节目和喜剧中心推出的节目带火的，主要是展示过去几周体育节目中的精彩片段剪辑并进行评述。这些节目中的幽默源于喜剧主持人尖刻的评论和取笑剪辑片段中的那些人。全体人员都认为这些节目提供的最"离经叛道"的内容，"有点儿像体育界的《每日脱口秀》"。[78] 现场的气氛十分轻松，喜剧主持人、编剧、制作人都在围绕自己选择抨击的剪辑找角度开玩笑。对博伊德而言，离经叛道的喜剧意味着开发一些"你在电视上找不到"的东西，但又不是太有争议乃至吓跑赞助商的内容。[79]缺乏在线审查似乎让《大学实验》比同类电视节目有了更多自由，但是需要符合电视标准又限制了制作人所能追求的内容类型。

协调监督问题和得体标准对线上内容，如《午间也精彩》节目的制作人来说一直是一个尴尬的问题。数字创意人员意识到基于网络的节目安排提供了更多近乎极端的自由，但是想要把节目从网上移到电视上的欲望又相当于一个统治者。2009年，《午间也精彩》还在尝试寻找自己的位置，在互联网的自由和电视商业标准之间找到平衡。当问到哪种类型的内容在线上取得的效果最好时，制作人表示他们依靠的是老配方，比如"把性当成卖点"，利用争议博观众眼球，但是这些策略并不能直接拿来为更广大的电视受众制作内容。[80]《午间也精彩》的制作人在节目制作的第一天就学到了这点，《办公室的故事》有一集涉及女性裸体和贬低女性审美的对话，结果遭到了福克斯体育台网络合作商 MSN.com 的指责，所以那集节目被迅速撤下了。[81]福克斯体育台的主席戴维·希尔（David Hill）称这一事件是"创意风波"，而博伊德则将之归咎于迫切想要在拥挤的线上市场博人眼球。[82]《午间也精彩》继续提供有伤风化的内容，比如两个身着比基尼泳装的模特每周进行一次的枕头大战，但是画了一道底线，要求这一线上内容要符合有线电视的标准。

尽管《大学实验》第一季遇到了一些麻烦，节目还是继续保留了原来的政治不正确的幽默，但未能在有线电视和得体的网络标准之间找到平衡，在节目的第二季，福克斯体育台开始在其另一个体育电视网 Fuel TV（也就是现在的福克斯体育台二套）重播该节目系列，有效提高了传统的得体标准的应用。在第二季的一集中，一名喜剧演员采访了南加州大学的亚洲学生，嘲笑他们的口音。这一片段引起了科罗拉多大学一位种族学研究教授达里尔·梅达（Darryl Maeda）和《科罗拉多每日镜头报》（*Colorado Daily Camera*）的注意，批评说这个节目太招人恨，民族主义倾向太严重。[83] 这类幽默可能在网络上不起眼的地方还说得过去，但当面向更广泛的电视受众时，却被认为是完全不能接受的。该节目最终因为侵犯民族主义被腰斩。[84]《午间也精彩》的制作人未能考虑到金主会如何看待大众对这些有冒犯性或有争议内容的声讨。在讨论这一节目是否该取消时，一位福克斯体育网的发言人表示这一视频"明显极具冒犯性，与福克斯体育台所信奉的标准不一致"。[85] 福克斯体育台的电视节目所秉持的得体标准与那些网络的标准不符合，《大学实验》似乎从一开始就注定要失败，因为制作人在反复尝试，企图制造出两个平台都能接受的幽默，这两个平台就是：互联网的狂野西部和新闻集团掌管的更彬彬有礼的体育网。

尽管《大学实验》未能从网络节目转向有线电视，还是有很多在碎片时间经济中起步又被有线电视挑中的网络节目的例子。《四分之一人生》（*Quarterlife*）就是一个有名的案例，该剧始于好莱坞编剧所写的 2007—2008 年的罢工，但没有保持住自己的草根势头。[86] 家庭影院频道素有将数字内容搬上电视屏幕的美名，从《娱乐至死》（*Funny or Die*）和《网疗记》（*Web Therapy*）开始，在《难以伺候》(High Maintenance)中也延续了这一作风。[87]喜剧中心盛极一时的《大城小妞》(Broad City)和《醉酒史》(Drunk History),一开始都是网络剧,但是在电视上播放却广受好评。[88]尼克·马克斯(Nick Marx)写到这一趋势时,认为传媒公司未能创造自己的网络平台和利润,导致它们转向了那些自己买得起的已经有固定追随者的系列。[89]由于预算有限和线上受众的特点,这些网络节目一般都是形式短小的娱乐节目,与"传媒零食"互补。传媒公司发现人们最喜欢的"零食"之后,开始尝试把这些节目发展为成熟的电视系列。就这样,碎片时间经济和工作场所的受众成为新的电视节目的孵化器。

"传媒零食"和劳动流

传媒公司将目光转向碎片时间经济,希望寻求新的内容与人才,打个比方可能更容易理解,碎片时间经济犹如经典的好莱坞时代的B级电影系列,或20世纪50年代的电影公司制作的电视节目,每一个这样不具声望的行业都通过提供廉价的内容、培训创意工作人员,支持声名显赫的娱乐市场。[90]历史上,这些"支持"行业的艺术地位很低,成本低廉,全靠临时拼凑粗制滥造。这一等级却还代表另一种传统的结构,说明娱乐公司是如何对待和理解移动内容的。《午间也精彩》的制作强调电视制作技巧是创造成功的数字内容的关键,这种保守的逻辑坚持认为电视制作技能在数字时代必不可少,在数字平台取得成功的人照样可以在电视上取得成功。因此碎片时间经济充当了让媒体制作人和能人异士证明自我、攀登企业上升阶梯的劳动流。

这种劳动流策略的影响在《午间也精彩》的首次新闻发布会中尤其明显，本次发布会强调数字制作和电视人才之间的关系。福克斯体育台主席和执行制作人戴维·希尔发布《午间也精彩》时，重申老电视人最理解也最会安排数字内容，他说："随着网络从由工程师控制过渡到由制作人运行，网上的原创节目一定会爆炸，正如20世纪50年代的电视发展历程一样。"[91]希尔的论断在两个方面意义非凡：第一，它揭示了行业内一种普遍的信仰，即在电视领域，讲故事的人和编程人员都是互联网自然的继承人；第二，它暗含为了把互联网转变为独立发展的娱乐行业，有必要采用某些节目安排策略和商业模式。围绕《午间也精彩》的对话反映了一种信仰，如果能人异士能在移动屏幕上取得成功，同样也会在电视屏幕上取得成功，反之亦然。

具有记者和电视人物两个身份的杰伊·格莱泽能够获得成功，也是碎片时间经济推动劳动流的一个例子。格莱泽是网络节目《赛后回顾》的主持人，这一节目是用传统的演播厅摄像机拍摄的，格莱泽会采访一些受邀而来的客人。当被问到《赛后回顾》特别"网络内容"的体现时，制作人的回答是在采访时使用Skype（即时通信软件）产生的网络摄像头美感。博伊德认为这一点拉近了观众与节目的距离，仿佛是再现很多人在其移动屏幕上所看到的那种一对一的对话。[92]除了这一审美细节，《赛后回顾》整体的视觉和感觉与任何一种在演播间内拍摄的体育类脱口秀节目并无太大差别。

格莱泽是体育新闻界的名人，尤其擅长在赛前爆料。他的采访风格，再加上他与橄榄球运动员一样，都对体重训练和综合格斗（MMA）很感兴趣，这让他与球员之间建立了一种特别舒服的关系。他对综合格斗的兴趣让他很受粉丝和同事的欢迎，由此催生了另一档节目——《综合竞技》（*MMAthletics*）[93]。格莱泽走了一条从体育新闻到电视主持的道路，被《体育记者》（*The Sports Reporters*，娱乐与体育节目电视网，简称ESPN）《插嘴无罪》（*Pardon the Interruption*，娱乐体育节目电视网）和《双杀传球》（*Around the Horn*，娱乐体育节目电视网）的撰稿人大肆宣扬。福克斯体育台沿着类似的路线推动格莱泽的职业发展轨迹，借他的网络节目检验一下他在新闻方面的专长是否可以转化为在电视屏幕上的感召力。福克斯体育台坚持认为格莱泽在网络节目方面的努力与他作为一名记者的主业并不冲突，他不过是在努力利用自己的受欢迎，发展个人才能罢了。福克斯把在互联网方面的投入作为一项副业，仅次于其对"正统"的追求，同时利用格莱泽为其线上平台带来的网络流量盈利。

屏幕上的能人异士不仅包括那些通过网络节目上的努力在电视上获得更大知名度的人，制作人比尔·理查兹（Bill Richards）就通过为福克斯体育台的纳斯卡赛车（NASCAR）赛前秀《福克斯纳斯卡周日秀》服务，并与喜剧演员弗兰克·卡利恩多一起为《福克斯纳斯卡周日秀》创作小片段而成为冉冉升起的明星。2009年，理查兹负责制作的《办公室的故事》，是一个工作场所情景喜剧，每周四播出，这个节目成功在福克斯电视网Fuel TV

上重播，为理查兹赢得了晋升为《福克斯纳斯卡周日秀》节目总监的机会。在描述这一晋升时，福克斯体育传媒集团总裁和联合首席运行官埃里克·尚克斯（Eric Shanks）称赞理查兹具有"保持最高的制作水准"的能力。[94]理查兹跟格莱泽一样，并不是因为创作了在网络上最流行的内容才从网络节目过渡至电视节目的，而是因为他满足了行业的基准，创造了一个具备商业发展潜力的数字产品（或演播秀）。

在整个21世纪的前10年，碎片时间经济成为编辑、喜剧演员、编剧以及演员的训练场，他们都想通过展示自己有能力创造大流量的、可在得体的行业标准内运作的数字内容获得媒体联合巨头的注意。罗伯特·良（Robert Ryang）是一位电影编辑，他就是第一批在水准以下的员工利用数字内容的成功在娱乐业为自己赢得更大机会的例子。良凭借为电影《闪灵》（*The Shining*）重新编辑的片花赢得了独立创意制作者协会（AICE）大赛大奖。[95]大赛要求参赛者制作一个视频，改变一部经典电影的体裁。良重塑了《闪灵》的形象，将之塑造为一部浪漫的喜剧片，命名为《闪亮》（*Shining*）。这个视频很快在网络上走红，跻身《纽约时报》限定体裁的前12个最火爆视频之列。这个例子表明，碎片时间经济的内容在很大程度上是由传媒行业要把网络平台用作廉价的新兴人才练兵场的欲望所驱动的。网络节目也许会为相关人士提供入行的全新坦途，但是什么才能吸引广泛的受众这种共识却始终没变。

是开胃菜还是癖好

通过分析《午间也精彩》的制作文化，显然在创意工作、节目制作策略、预算以及数字审美之间存在一种关联。借助数字部门的创作产物和数字节目安排，福克斯体育台正在让数字内容标准化，服务于在工作场所寻求休闲类、零食化传媒的一批客户。这种标准化不仅帮助传媒公司定义了与现有的娱乐产业实践相关的数字制作，还建立了一种学徒机制，在这种机制下，新的人才可以通过排名脱颖而出，在碎片时间经济中其能力可以得到检验。这种经济现实决定了这些公司制作的"传媒零食"的类型。福克斯体育台并没有培养特别数字化的审美，而是制作了简洁凝练的宣传类平行文本，意在把工作场所观赏体验变为节目流、平台流和劳动流中的一个时段。

对形式短暂的内容、数字平台以及劳动实践之间关系的理解已经成为娱乐行业的共识。制作人称某些内容是天生的"数字化"，盖尔·伯曼（Gail Berman）在讨论她计划为自己的电视剧《暗侠》（*The Cape*）创作数字内容时，为这种假设提供了一个例子，"我们提出一个电视节目，并不是因为我们认为它很适合在网上播放。《暗侠》中有些元素在线上是很受欢迎的，我们为数字化提出了无数的想法，因为节目的受众就生活在这个空间。这是一批活在当下的受众——家庭受众、年轻的受众"。[96] 彼得·莱文森（Peter Levinsohn）是福克斯负责新媒体和数字传播的总裁，监督数字内容的制作和传播，他对数字内容给的假设跟伯曼一样。他指出，"假如你想想网络上已经成功的内容,就会发现,这些内容的制作轨迹大致是相对较短的,时长在 5~8 分钟,有能力在其中融入品牌,带着些神秘感。想想《女巫布莱尔》(The Blair Witch Project)或者很多这种在文化界引起共鸣的例子"。[97] 伯曼相信,节目有"在网上很流行"的"元素",这不仅仅暗示了其中有适合数字平台的审美元素,还假定了会有针对具体数字平台的制作标准和劳动实践。这些执行官对数字技术的论断影响了公司在优先级和预算方面的决定,这种想法可能解释了数字制作所特有的成本低廉的制作实践。

对数字内容和数字实践的这些猜测与文化地位的问题息息相关。皮埃尔·布尔迪厄(Pierre Bourdieu)认为,娱乐行业这样的领域基于领域内的资本交换表现出了某种倾向并进行了相关尝试。[98] 在娱乐行业,这个过程有许多标志:预算、头衔以及体裁。按照布尔迪厄的看法,"在一种情况和其中的实践之间形成了"一个领域,其意义是由"可以观察的社会条件自发产生的各类认识和理解这种习性"决定的。[99] 换言之,在各文化领域,电影相对电视或电视相对数字传媒的差异是一种社会产物,生产标准和经济现实进一步强化了这种差异。因为节目安排,数字产品的文化地位低,比如《午间也精彩》采用了较低的生产标准,仅仅是作为其他福克斯产品等地位更高的内容的补充罢了。但文化地位低并不是说碎片时间经济对传媒联合巨头来说不重要,而是资源分配,比如人才开发和晋升,会随着公司霸主对数字内容的文化价值的理解而进行调整。

这种碎片时间经济将数字内容定位成"小联盟",而把电视节目视为"大联盟"。尽管这种关系方便理解数字内容在传媒行业等级中的地位，却妨碍了这种体裁在文化市场占据更大比重。《午间也精彩》的团队相信在碎片时间经济下，"凑合"、依靠"自己来"的美学、推销其他福克斯节目、证明自我等，终将为自己赢得晋升的机会，这些信仰再次说明数字内容屈居电视和电影之下，处于从属的地位。一个娱乐媒介的文化价值是由其经济和社会影响决定的，数字内容两者皆无。电视一直被认为是逊于电影的艺术形式，也是因为类似的（人们以为的）地位低，从形容这一媒介及其观众的词组，如"蠢材显像管"（boob tube）、"沙发土豆"（couch potato）和"白痴盒子"（idiot box）中可见一斑。学术界质疑过这种等级，但电视文化地位低的情况一直存在。数字内容也面对类似的标签，移动受众普遍给人的感觉就是同时从事多项任务、磨洋工的人，幼稚的梦想家，一知半解的小丑。碎片时间经济的制作实践和行业信仰进一步强化了这些形象。

我们一直在鼓励工作场所的受众在工作周期间不时检查数字内容以保持其"粉丝"的状态，乔·图罗（Joe Turow）在自己的著作《利基嫉妒》（*Niche Envy*）中描述了这种推广策略的意义，他解释道："在数字时代，消费者和节目安排者两者之间的关系发生了重大变化。"[100] 图罗指出，"零售商及其供应商正在学着使用互联网、互动式电视、移动手机及其他消费者驱动的互动技术来发现新客户，从新旧客户身上收集信息，通过广告和内容获得更多消费者，这些广告和内容越来越匹配客户数据库收录的信息"。[101] 图罗认为数字技术鼓励广告公司和节目制作人关注那些最有可能花钱的客户，这一更有价值的群体成为数字内容优先考虑的受众，那些通过碎片时间经济花更多时间在传媒品牌上的人得到了更为定制化的体验。办公室职员构成了午餐时间的互联网人群，这一富有的群体当然是广告公司瞄准的对象，这群人有自由的时间参与碎片时间经济，因此，他们正是这一移动内容所青睐的人。

工作场所的受众并不总是完全遵循传媒行业所设定的节目策略，这也不足为奇。数字内容的设计可能只是作为触点和开胃菜，利用传媒品牌来吸引用户，形成跨平台的协同作用，但是任何个人在工作日中的不确定性要求必须灵活运用数字内容。移动设备让员工可以掌控周围环境，让其成为"粉丝"，让其与朋友、家人以及更多的公众进行交流，尽管碎片时间经济提供的是"零食"，但工作场所的受众却有一种惊人的能力，赋予这一小口"零食"丰富的意义，远超公司宣传的益处。可能随着数字收入来源的发展，娱乐行业会制作出更加多样的"传媒零食"。到那时，工作场所的受众会找到更有创意的方式来利用内容，从而更好地应对工作场所中的社会和空间现实。

粉丝群利用流行文化的方式远比其地位昭示的方式复杂得多，而工作场所受众的做法不过是其中一例罢了。亨利·詹金斯、康斯坦丝·庞莱（Constance Penley）、马特·希尔斯（Matt Hills）、多萝西·霍布森和威尔·布鲁克（Will Brooker）等人的作品解释了这些创造性的消费实践如何让所谓的"传媒产品和服务控制其受众"越发复杂。[102] 一个人能创造性地利用一种产品和服务，其实就是消费者这一看似最受束缚的商业对象，积极协调自己和这种产品与服务关系的一个明证。工作场所的受众也在协调这种关系，但是政治动机更强烈：粉丝在工作场所利用媒介来确立自己在工作这一生态系统内的地位。把工作工具用于娱乐目的不是什么新现象，米歇尔·德·塞尔托（Michel de Certeau）曾描述过，在整个劳动发展史中员工如何让工作工具重新为己所用，他把这种做法叫作"假发"①（la perruque），员工用这种方式从雇主那里"偷"时间，共同选择为己所用的劳动工具。[103]塞尔托同意，一名员工参与这些活动是为了"通过这种消磨时间的方式来（愉悦地）确认自己和同事或家人的团结"。[104]信息技术极大地提高了"假发"的定制化，因为现代劳动工具让人们能更快、更方便地获得各种各样的个人愉悦。通过拜访很多工作场所，我观察到了"假发"在现代工作场所是如何发生的。

---

① "假发"指一些雇员表面上为雇主工作，实际上却在做自己的事情。"假发"现象形形色色，简单的可以犹如秘书在上班时间写情书，复杂的发展到木匠"借用"车床为自家客厅打造一件家具。——译者注

第三章

通勤：智能汽车和在列车上发推文

美国许多有车一族都对自己的车怀有特别的情愫，这部车"与每日或每周习惯做的事情密不可分，有了它，我们可以更好地照顾所爱的人；有了它，我们才真正感到自由"。[1]在电影《美国风情画》(*American Graffiti*) 中，乔治·卢卡斯（George Lucas）把汽车和车载音响作为美国人独立自主的重要象征。汽车把我们与外界分开，为我们提供了庇护。它还让我们在公共场合仍能掌握主动权。汽车最普遍的用途之一，至少是在美国城市中，是作为每天上下班的通勤工具。联网的移动设备和智能汽车改变了人与车的关系，工作和家庭两点之间的通勤变为碎片时间经济中的一个关键节点。在上下班的路上使用移动设备让用户能独立于人群，自由地与自己的家人朋友联系。

同理，乘坐公共交通出行的人因为有了移动设备和耳机也能免受周遭的影响。因为有网，通勤族可以在公共交通上保持一种沉默的状态，同时又不影响与他人互动。这就是斯科特·坎贝尔所谓的

"关系网私有化"(network privatism),他认为这是移动设备时代的一种主流行为。² 因此,通勤不再意味着奔波,而成为一个与朋友、家人联系,甚至参与更大层面的文化对话的时刻。美美·谢里(Mimi Sherry)和约翰·厄里(John Urry)指出,各类移动设备在延长工作时间这一点上如出一辙:工作类的设计(如邮件)越发互联,导致时间更加弹性化,人们随时随地都能工作。但在弹性越来越大的同时,也有负面影响:把人与工作拴得更紧。³ 确实,欧盟一家法院规定,通勤理应算在工作时间内。⁴ 尽管移动手机导致工作条件恶化,商业化也越发威胁人的隐私,但与此同时,移动手机也赋予了我们工具,掌控这些条件,并在通勤路上与外界保持联络。⁵

在移动设备把工作和社交带入通勤环节的同时,碎片时间经济提供了娱乐选择。碎片时间经济的产品和服务,其设计初衷就是对抗现代工作和社交压力,让人时时刻刻都保持高效。对很多人而言,通勤带来了高效率,让人们能挤出更多的时间用于家庭休闲。当然,对有些人而言,在家庭空间中同样需要劳动,于是通勤之路变成为数不多的可以享受个人时光的地方。碎片时间经济为看重个人时间价值的通勤族提供了数字内容,同时推动了订阅服务,让轻松通勤成为可能。流媒体服务、音乐服务,以及数据包都采用了订阅模式,鼓励通勤族用个人移动设备自娱自乐。

娱乐公司可能会把通勤之路看作趁机获得片刻放松的地方,但有一些订阅服务却因为不稳定的网络服务和通勤时长很难吸引受众,本章中所调查的通勤族主要是那些把通勤时间花在关系网私有化上的人。⁶ 人们希望在通勤路上跟所爱的人聊天,说明碎片时间经济的经济动机与通勤族的渴望是不一致的。本章认为,通勤路上的碎片时间经济是由人们订阅的娱乐和通信类应用所定义的,因为有这些订阅服务,所以往返上下班的旅途变为进行社交的场合。订阅服务收入可观,成了通勤带动的碎片时间经济的主要卖点,但新兴的社交媒体应用可能提供了另一种经济刺激。

订阅服务和平台移动性

通勤历来都是广告和娱乐行业的瞄准对象,但移动设备的出现把订阅服务带入了碎片时间经济这一领域。[7]这些订阅服务,如网飞、YouTube Red、HBO Now、Seeso、亚马逊 Prime Video,以及 Spotify,为通勤族提供了移动应用,让他们能在列车上或乘客座椅上享受如同在客厅中的观赏体验。[8]电视学者查克·特赖恩认为,娱乐公司正是通过"平台移动性"和一部移动设备可以改变个人处境这一承诺来推销其订阅服务的。[9]这些订阅服务让订阅者可以点播观看各种媒体内容,但是提供内容的移动应用却很少考虑在公共场合的具体观赏体验。安娜·麦卡锡的研究向人们揭示出,电视屏幕在一个空间的具体关系总和中加入了"他处",但是碎片时间经济的移动平台却并未区分通勤路上的受众和家庭中的受众。[10]传媒公司在追求带给通勤族个性化的传媒体验的过程中,忽视了不同的使用场合,提供的是始终如一的内容流,复制各移动平台的传统做法——被动观赏体验。[11]具体的位置,如高速路、地铁车厢、公交、汽车都受控制策略和体制意识形态主导。屏幕——无论是电视屏幕还是移动设备的屏幕——要么可以强化这些控制策略，要么就是为受众提供应对这些空间、打乱具体空间意识形态的工具。文化产业为通勤所打造的内容往往是在强化某些空间的策略，就我们正在讨论的话题而言，就是保证通勤族待在自己的声音泡沫中。[12] 实际上，碎片时间经济下的订阅服务有助于抚慰通勤族，保证有序通行。虽然安安静静到达目的地也没有什么不好，但一味强调平台移动性和订阅服务会忽略碎片时间经济的其他可能性。

提供订阅服务的公司当然有理由认为人们想要在通勤时保持放松，能够独处，毕竟移动屏幕很小，还配有个人用的耳机，说明人们想要在通勤途中独享视听体验。迈克尔·布尔在分析移动设备时说，定制播放清单、使用耳机、把自己和公众隔离开的做法导致个人主义和商业化。[13] 说到移动公司开发设备和创作内容背后的企图，特赖恩和布尔的结论相似。[14] 碎片时间经济背景下的订阅服务催生了个人主义。

流媒体公司网飞就极其擅长利用通勤族的碎片时间。通过网飞的营销和宣传材料，我们可以看出，在网飞看来通勤族有何需求。制作文化学者约翰·T.考德威尔把这些行业文件和宣传记录看作可以挖掘象征意义的"有深度的文本"。[15]2013 年 2 月，网飞宣布，它将要设立自己的奖项——Flixies，来表彰那些最受订阅者喜爱的节目。这些奖项的分门别类反映出网飞眼中对其订阅者而言独一无二的各类观赏体验，包括"最佳宿醉良方"（Best Hangover Cure）、"缓解经前综合征最佳戏剧"（Best PMS Drama）、"搞定熊孩子最佳节目"（Best Tantrum Tamer）、"最佳电视长片"（Best

Marathon TV Show)、"最佳恶趣味节目"（Best Guilty Pleasure）、"最铁兄弟系列"（Best Bromance）以及"堵车不堵心最佳节目"（Commute Shrtnr）。[16] 在提名的通勤类型的内容中，有独白喜剧专题片、动画短片、音乐纪录片、轻喜剧系列、现实系列、纪录片，以及美食秀等。[17] 行业奖项和相应的宣传话语阐释了传媒行业中共同的逻辑，网飞制定奖项类别，为相应类别选择产品和服务，说明公司相信通勤场合与特定类型的娱乐有关，就目前所讨论的话题而言，则是以音频为主的喜剧内容，时间在半小时以内，风格轻快，信息量大。适合通勤的内容不包含其他颁奖典礼上典型的"优质"喜剧表演或内容。从 Flixies 的宣传记录来看，网飞认为通勤族希望在上下班的路上看一些轻松愉快的东西。

网飞移动应用的设计为使用订阅服务提供了额外的途径。2011年，苹果公司发布了更新的 iOS 系统（移动操作系统），可以在 iPhone 和 iPad（苹果平板电脑）上播放"背景音乐"。最终，这一设计让用户可以在后台播放音乐，在从事多项任务或活动的同时收听流媒体。类似 uListen、SuperTube 和 Viral 等应用把这一设计用到许多本身不带此选项的设备中，包括那些运行安卓系统的设备。此外，线上还有无数的用户教程，解释如何无须滑亮屏幕就可以在设备上播放音频。紧跟这一风尚，推特更新了软件，让用户可以在刷推文的同时还能收听音频。[18] 围绕音频所做的这一番努力反映了通勤族的渴望，想要做到多任务并举：收听视频背景音的同时，又不影响参与其他活动。网飞的"堵车不堵心最佳节目"同样也强调以音频为中心的内容。通勤族一直以来都被音乐这种愉悦的背景噪声深深吸引。移动设备进一步拓展了这种能力，让通勤族可以只听那些流行的音频曲目。2013 年，网飞的首席执行官里德·哈斯廷斯（Reed Hastings）宣布，鉴于喜剧体裁"广泛的吸引力"，公司决定开发喜剧特别节目，尝试服务"这种备受追捧，广为传播的体裁背后的一众粉丝"。[19]2016 年，网飞以 1.5 亿美元的价格与杰里·赛恩菲尔德（Jerry Seinfeld）和克里斯·洛克（Chris Rock）签约喜剧特别节目，同时制作了 25 部喜剧（是之前 3 年数量总和的五倍）。[20] 网飞对喜剧特别节目的投资明确传达出公司利用消费者习惯赚钱的策略。此外，YouTube 在 2015 年发起了订阅服务，名为 YouTube Red，提供去广告的流媒体服务和后台音频播放。[21]YouTube 一开始是向所有的视频免费开放此功能的，但是在发起订阅服务时，发现这一点正是碎片时间经济的一个诱人之处，于是将它变成了收费服务。

从审美的角度看，这些以音频为中心的流媒体服务和另一种订阅式的数字传媒——播客有很多共同之处。播客是以音频为中心的，形式较长，为听众呈现故事、报道、采访和主持人之间的闲谈，可谓是为通勤打造的理想文化形式，因为数量多，一般都是免费的（有广告），而且播放时间在 30 分钟到一个小时不等。史蒂文·麦克朗（Steven McClung）和克里斯廷·约翰逊（Kristine Johnson）的研究发现，播客听众选择这种内容是为了社交。[22] 跟之前的电台节目一样，播客鼓励大批人关注并参与节目，粉丝会发送问题，参与现场的播客录制，在网站上记录节目的历史和亮点时刻。[23] 播客不是直接互动的对话，但它却带给人某种亲近感，感觉就像是听朋友谈话或是一种告解。[24] 跟电台不一样，播客满足了形形色色的全新兴趣点和社群，甚至能够原样复制特定种族的社交空间。[25] 播客的流行度很高，甚至有些变成公众获取信息的重要渠道。比如，好莱坞的媒体邀请会，甚至奥巴马也会用播客跟不怎么看传统新闻的人民交流。[26] 播客这种形式，其成功很大程度因为其便携，因此得以在通勤族中极度风靡。

从 21 世纪前 10 年最早的播客节目中可以看出这种形式在碎片时间经济中的潜力。播客行业第一个大火的节目是《播客瑞奇》(*The Ricky Gervais Show*)。[27] 很显然，播客相当于电台广播的"表亲"甚至是"孩子"；《播客瑞奇》中的明星之前都一起在电台工作。[28] 其他电台很快发行了节目的播客改良版，节目的播客版和广播版差异甚微（无非是赞助商不同，商业广告更少）。21 世纪初，播客没有只停留在重播电台节目这一阶段上，其讨论形式更能拉近与用户之间的距离，节目播出的时间也更长。2009 年《马龙秀》(*WTF with Marc Maron*) 首发在播客史上树起了一座重要的里程碑。马克·马龙的自传性质的采访形式和吸引赞助商的能力成为碎片时间经济中大获成功的典范。[29] 2014 年，随着《连续》(*Serial*)的出现，播客越发流行，这是一档罪案类非虚构节目，主要讲述阿德南·赛义德（Adnan Syed）的故事。[30]《连续》让人们开始关注赛义德的案子，并最终代表赛义德提出上诉。[31] 理查德·贝里（Richard Berry）认为《连续》的成功得益于播客开始走向联网的智能手机，这一转变为此类体裁带来了全新的受众，让其具备了超越小众需求的能力。[32] 随着播客越发流行，播客网开始形成，目的就是帮助受众发现新的节目，通过订阅的方式提供分门别类的优秀内容。[33] 尽管所有的播客都以音频为主进行讲述，体裁的种类却大幅增加，包括连载故事、采访节目，以及记者之间的对话等。

播客与碎片时间经济在很多方面都有相似之处，其发展与电视的历史是并行的，一开始也是作为电台的改版。电视后来慢慢地发展出了明星和网络，最终与观众建立了一种联系。播客与通勤族关系密切，所以流媒体音频服务，如 Spotify 和 Pandora 在主打流媒体音乐的同时也提供播客。[34] 以音频为中心的内容，比如播客和网飞的喜剧特别节目符合多任务的通勤族这一目标受众的需求。电视史学家，如琳恩·斯皮格尔透露了电视节目制作人为家庭主妇这批受众选定白天节目的体裁背后的行业逻辑。[35] 白天的节目主要是以音频为主的运动类节目，包括重复情节转折点，好让不时就会被打断的、多任务并举的受众能跟得上情节发展。[36] 播客的审美和以音频为主的视频节目，其作用方式类似，都是赋予通勤族同时收听、工作、出行的能力。确实，Spotify 一直对外声称它是一个关注音乐的公司，最近却开始转向各种形式的音频和视频，包括电子书、脱口秀以及口播录音等，以便更好地迎合碎片时间经济的需求。[37]

瞄准忙碌的通勤族

用订阅服务吸引通勤族的策略是基于户外广告公司惯用的市场营销手段。户外广告公司几十年来一直在为通勤族描绘一个美好的新世界，可以暂时放松，逃避现实。各大广告公司，Outfront 传媒（前身是 CBS 户外媒体公司 CBS Outdoor）、清晰频道（Clear Channel Outdoor）、德高集团（JC Decaux）和拉马尔户外广告（Lamar Advertising）在通勤的列车上、公交车上，以及广告牌上推广宣传。特纳旗下的 Gas Station TV（加油站 TV）负责在加油站做宣传，因为通勤族在通勤途中停车时可能会看到。从 20 世纪 20 年代起，这些广告公司就在尝试挖掘通勤这一环节中的商机，利用的就是人们在旅途中的压力和焦虑。广告商在针对这些受众制作套餐和节目的过程中，开发了一套策略，限定了通勤族的思维模式，影响了如今碎片时间经济的订阅服务。

一旦通勤族开始使用移动设备，广告公司就开始把通勤族刻画为忙碌的多任务工作者。如前文所述，从移动设备的特点中可以看出通勤族的多任务属性，比如后台的音乐播放。户外广告公司的市场营销材料都是为了干扰通勤族的注意力。无论在移动设备支配下的通勤族多么步履匆忙，广告公司的主要目的就是吸引其注意，所以这些材料的出现也不足为奇。Outfront 传媒算是行业内比较保守的了，因为它一直在标榜，在移动设备时代，它仍有用武之地，在它的平台上投放广告进行宣传仍是明智之举，因为即使人们不再看传统的电视节目，也不再听传统的电台，却还是会经过广告牌和看户外的广告。[38] 在广告公司的公关材料中，通勤族整日忙着上班赚钱，只好在下班的路上上网购物。通勤族过分沉迷于网购，所以在通勤时还需要给手机充电。这些描述和新自由主义全球经济的风气完全吻合，在这种经济形势下，人们需要没日没夜地保持高效的工作状态，哪怕是在上班路上的通勤族。对通勤族目标受众的这种理解催生了碎片时间经济下的市场营销信息和产品，彰显了多任务并行，也突出了通勤族希望从繁忙的工作中解脱出来的愿望。

广告公司对繁忙的通勤族目标受众的假定在这些公司 B2B（企业对企业）的营销材料中展露无遗。Outfront 传媒声称要吸引这些三心二意的通勤族的注意，最好的方式就是遵循"少即是好"的审美哲学。这种策略是基于这样的思想：在出行途中，通勤族是在一个空间中移动的，那就只有浏览广告的时间了。[39] 结果就是广告要么"定位"了一个产品，要么"售出"了一个产品，但从来没有两者兼备。[40] 按照 Outfront 传媒的思路，广告要用"一种大胆而且醒目"的方式传达信息，因为受众是从比较远的地方看的，没有时间逐行逐字浏览。这家公司宣称，"研究表明"只有简单的幽默才奏效。[41] 这些宣传的广告语中弥漫着营销的焦虑。数字技术让广告业务更加复杂，Outfront 传媒眼中的受众都是行色匆匆的，它希望给这类受众进行推荐，好让他们能应对风云多变的"战场"。移动广告和应用程序的设计人员也面临同样的焦虑，因为人们不会只关注移动屏幕，也不会只盯着广告牌。

Outfront 传媒千方百计要结合广告和移动设备，这也让它的焦虑暴露无遗，该公司通过"增强现实"计划、二维码、近距离传感技术以及可视化搜索特点等，让客户可以在移动设备上做广告。[42] 这些特点似乎有悖于"少即是好"的哲学，但 Outfront 传媒坚持认为户外的传媒和移动设备才是"自然的伙伴"。为了实现这一目标，公司正在打造智能公交车上的庇护所，可以为通勤族提供无线网热点、充电站以及换乘信息等。[43] 移动设备被当作一种吸引通勤族看广告的手段，无论是在通勤途中给设备充电，还是让他们参与商业广告。对现代通勤族最不言自明的一个假设就是Outfront传媒表示消费者希望在路上购物。Outfront传媒告诉其客户，人们的"生活越发忙碌，所有事情都是急急忙忙完成的"，包括购物。[44] 为了适应这种生活节奏，Outfront传媒发布了这样的广告，人们只需扫描二维码就可以轻松下单买东西。

抚慰通勤族

虽然市场营销人员把通勤路看作一个同时开展多项任务、与效率息息相关的地方，但是市政和公共交通部门设计的移动应用却是为了试图安抚焦躁的旅客。整个国家的交通部门都在制订公共服务计划，让通勤族遵守统一的"行为准则"，准则规定了得体的礼仪、公民权利。可以说，这些机构的数字产品跟交互式地图、通勤车次及公交线路时间表一样实用，跟监管类应用一样约定俗成。亚特兰大、波士顿以及旧金山等地请Elerts Corporation（软件开发平台）制作了一个移动应用，专门用于保障安全和监督管理。这一应用的名字叫"看见就说"（See and Say），指导用户悄悄记录并汇报在通勤途中看到的任何可疑的活动。该应用甚至还禁用了智能手机上的摄像头闪光灯，以免引起被监督者的注意，打草惊蛇。另外，通过此应用，通勤族可以给交通部门发送消息，哪怕是在网络服务不太好的情况下，此应用可以存储信息，等网络连接恢复以后就可以自动发送消息。

只有这些交通部门的官方应用才能既宣传得体出行，又不耽误监督，这是非常了不起的。两种功能都在试图通过赋予通勤族监督并揭发自己同胞的能力，安抚出行的乘客。这些应用认为通勤族通常抗拒社交且很可疑。要求增强公共交通上的网络接收信号，扩大无线网的覆盖范围的运动，往往会打着"增强公共安全"的名号，而非"方便社交联络"。[45] 市政对碎片时间经济的贡献催生了个人主义、竞争和猜忌都应归类为移动设备自带的问题。市政鼓励监督氛围，但是智能手机的无所不能又让用户能够应对自如。企业家、创业公司、品牌经理以及普通市民都在创造能在公共场合进行社交互动的应用。其中有一个应用叫 IFlirtero，专门帮人偷偷地跟通勤列车上的其他人搭讪。[46] 有几个 iPhone 上的游戏让玩家可以在通勤路上彼此对战。[47] 类似的例子不胜枚举，说明尽管公共交通部门认为通勤族是抗拒社交并且焦虑的，但实际上通勤人员对彼此联系、与周围联系很感兴趣。

如同一部移动手机的智能汽车

通勤带来的沮丧和焦虑也表现在对智能汽车司机的呼吁中。智能汽车制造商为碎片时间经济打造的产品和功能都将通勤族标榜为渴望个性，追求独立。智能汽车是指带有显示面板且可以联网的汽车。智能汽车所具备的功能，如免提电话、GPS（全球定位系统）、流媒体以及天气预报，是专为白领员工和在车上花很多时间的从业者打造的。[48] 商界一直都是此类汽车的目标人群。[49] 同样，互联的通勤仍旧是为高效员工打造的，这些人觉得有义务在乘坐交通工具上下班途中继续工作。对商界的关注显而易见，因为智能汽车联网数据的订阅套餐价格不菲，可能支付这笔费用的人要么认为这一服务对其工作很有必要，要么就是他们的老板愿意提供这样的服务。[50]

苹果公司的 Carplay（车载系统）和安卓的 Audio（音频系统）把汽车变成了移动设备主导的个性化媒介和交流工具。[51] 服务包括流媒体音频、声音控制、应用、语音识别、发短信等。每一项选择都让多任务并举更简单，因为司机可以随时在与同事通电话和听音乐之间切换。[52] 配备了这样的设备，汽车就变成了一个移动设备，它的仪表盘就像 iPhone 的触摸屏。[53]CarPlay 一开始是跟奢侈汽车品牌，如法拉利一起开发的，这再一次印证了那个假设，碎片时间经济的这一模块是为上层白领人群预留的。[54] 很显然智能汽车的"赋能"导致了个人主义、竞争以及商业化，这些全都是现代批评家恐惧的东西。同时，智能技术给汽车带来了社交的元素，在以前这是不可想象的。

为焦虑、忙碌的多任务者打造的碎片时间经济

结合无人驾驶汽车技术的发展，就很容易理解智能汽车产业对碎片时间经济的认识。无人驾驶汽车计划已经成为技术公司和汽车制造商的关键目标。[55] 随着这一技术的发展，碎片时间经济的原则和公司对于焦虑、忙碌、多任务的通勤族的理解将会驱动设计功能和技术的发展。内容公司、广告公司、政府、软件公司、

汽车制造商等让碎片时间经济注意到了通勤这一环节。这些不同群体均坚信通勤族是焦虑的，他们想要通过自己的移动设备获得解脱，同时执行多项任务。碎片时间经济的产品和服务为通勤族提供了订阅服务，帮助他们放松、执行多项任务，同时还开发了监管技术来安抚这些焦虑的通勤族。广告牌策略、"看见就说"这种监督类应用以及智能汽车技术的激增都说明了，各种商业和公共交通部门促成了对通勤族的这种认识，推动了碎片时间经济产品和服务的发展。尽管这些产品和服务可能会帮助那些寻求解脱或希望能同时开展多任务的通勤族，但它们却忽视了另外一部分人群，这群人把自己的通勤旅途看作与家人和朋友进行社交的宝贵时光。

短消息成就的高质量时间段

本着碎片时间经济的原则开发的设计功能和产品往往将通勤族描述成需要完成多项任务、渴望摆脱焦虑而又忙碌的员工。这种描述也不无道理，因为在碎片时间经济驱动下运行的这些公司所提供的订阅服务，让人们在享受的同时，又能执行多项任务，利用平台移动性提供各种休闲产品，如音乐、电影以及电视等。许多通勤族都不拒绝这些服务，但通勤路同时还是一个进行交流的地方，也就是斯科特·坎贝尔所谓的"关系网私有化"。[56] 通勤族把这段旅途看作与所爱之人交流、了解彼此的近况、制订计划的一段时间。移动设备让人们能在旅途中进行社交是这一技术改变通勤体验的主要途径。通勤路是社交的主要场所,因为它让人们有片刻的时间讨论这一天的事情,讨论公共场合发生了什么,参与文化交流。通勤让人们能用特定的方式使用自己的移动设备,也就是兹兹·帕帕查理斯所谓的"舒舒服服地参与公共生活"。[57]

对通勤族移动习惯的研究说明了通勤的现实情况,与传媒公司和市政所描绘的焦虑、忙着执行多任务的通勤族有所出入。"平台移动性"呈现的是十分美好的场景,移动设备会让人抽离当时的情境,感到犹如身在客厅般放松,但通勤往往对此毫无帮助。之所以不是这么美好,原因有两点。第一,通勤途中的电信基础设施让流媒体订阅服务变得很不稳定。第二,在通勤途中被动休闲的观点与周遭的现实互相矛盾。人们对于在公共场合使用自己的移动设备是很有战略思想的,在公共交通上发短信或给在车里的爱人打电话的确是在社交,但它是用一种小心翼翼、断断续续的方式完成的,通勤族要时刻注意自己的位置。传媒公司瞄准通勤环节的社交活动,开始开发产品和服务,从这一尝试中赚钱,并进一步优化具体的做法,但是这些努力相比把订阅服务与碎片时间经济相关联的产品几乎是微不足道的。本章中所呈现的通勤途中用到的种种移动应用的设计功能反映了不同类型的通勤族带来的商机,而非移动设备的技术可供性。

碎片时间经济的经济动机催生了一种信仰,即移动设备强化了个人主义,加深了人与人之间的隔阂。订阅服务本就与消费者个人切实相关,当用到通勤途中时,它们相当于提供了一块个人观赏屏幕,让人与其周围隔绝。正因为这一设计功能,才会有"移动设备是帮助人们摆脱现代生活种种焦虑的一种技术手段"这样的评价。在20世纪早期的理论家眼中,现代城市生活可谓一场视听蹂躏。[58]面对噪声、广告以及人来人往的冲击,人们会想与周遭隔绝。技术专家玛丽亚姆·西蒙(Mariam Simun)曾说,人们挣脱的方式之一就是通过使用便携式、个性化的音乐设备,这些设备能让人们真正从周围环境中抽身而出,而不是仿佛,因为它让每个人都戴上了一张冷漠而不失礼貌的面具。[59]移动音频设备、掌上游戏、阅读材料、广播电台以及智能汽车都是文化对象,可以帮助通勤族努力管理自己在公共空间中的互动。这种焦虑在现代愈演愈烈,诸如玛格丽特·莫尔斯(Margaret Morse)这样的理论家发现了公共和私人冲突的各种场景。她写过一篇论文,名为"日常干扰的本体论"(An Ontology of Everyday Distraction),莫尔斯在文中对米歇尔·德·塞尔托的研究提出质疑,她认为高速公路、汽车、商场都采用了干扰项和休闲经济学,把原来开放的空间变成了标准化、同质化的封闭型非空间。[60]在这些非空间中,人们心不在焉地出行,无非在遵循日常的惯例罢了,脱离了实际。莫尔斯担心相比周围乱糟糟的现实,人们更喜欢这种由消费者逻辑所主导的神游的状态。[61]

莫尔斯和塞尔托都在联网的移动设备流行使用之前就考虑到了公共空间的私有化,声音研究学者迈克尔·布尔和史蒂芬·格罗宁(Stephen Groening)在其作品中描述了移动设备和软件应用的设计如何造就了令莫尔斯痛心疾首的个人主义和干扰。[62]但移动受众的实际行为反映出人们的参与度其实更高了。问题在于移动设备的技术可供性是否让公共生活更显活跃了,或者莫尔斯所描述的干扰经济学是否已经在碎片时间经济中完全实现了。趋势研究表明，正在上演的恰恰是前一种情形：人们纷纷搬离郊区，回归城市；有车的人越来越少，因为越来越多的年轻人选择乘坐公共交通出行，既提升了生态效益，也是出于经济考虑。[63]而同一批年轻的从业者拒绝了传统的电视选项，转向了点播娱乐和碎片时间经济的内容。可能莫尔斯描述的那种本体论已经过时了，或者至少正在慢慢演变，移动设备的赋能趋势正逐渐显露出来。

但这种赋能在通勤途中有什么作用呢？塞缪尔·图林（Samuel Thulin）和细川周平给出了答案，他们向我们证明了：通勤族，甚至是那些使用移动设备的人，从来不会真的与周围脱离干系，因为外界总是在干涉他们的声音感受。[64]撇去这种实实在在的批评不谈，移动手机的技术功能是这一技术与之前的便携式娱乐文化的区别。如格罗宁所指出的，通勤已经"浪漫化"了，成了"从工作和都市环境的兴奋刺激中逃脱出来的避难所"，但它不再仅仅是片刻的被动放松，而是一个建立联系的机会。[65]莫尔斯一度还认为通勤途中是"不可能"存在社交的，但移动技术不仅让通勤族的社交成为可能，而且还变得极其流行。[66]的确如此，正如这些评论家所说的，通勤是一段放松的时间，其中涉及碎片时间经济的许多产品。但是现在放松也可以包括社交，不仅仅是与雷蒙德·威廉斯所谓"私壳"里那些让我们觉得舒服的"他人"社交，还包括社交媒体网站上常见的那种意见相左、观点旗帜鲜明的对话。[67]

通勤族，无论是在列车上还是在汽车上，所面临的环境都是鼓励人与人之间的隔绝和异化的。移动设备重新把通勤变成适宜与他人互联、参与外界事务的一个有利场合，通勤族渴望交流，这一点在 2014 年秋天，在亚特兰大地铁上所做的一项面向 200 人的调查中显而易见。调查结果表明，社交网络、发信息、可以上网等都是让通勤族把上下班的旅途变为加强与朋友、家人以及更大层面的公众之间联络的工具。该调研中很多调查对象的复杂性和目的性与指责移动传媒技术对社交和同理心有负面影响的言论相悖。

通勤的发展为社交创造了机会，这是十分了不起的，因为就历史层面来说，很少有迹象表明人们会在通勤途中与陌生人交谈。有发现称，移动设备让很多公共场合的社交行为有所增加。[68] 通信和公共政策教授基思·汉普顿（Keith Hampton）做了一项社交研究，对比在联网的移动设备到来前后公共场合的社交情况。研究比较了 20 世纪 70 年代和 80 年代的延时摄影与在 2010 年同样的公共场合的录像。汉普顿发现，从 2010 年起，视频中男男女女之间的社交互动更多了。[69] 研究还表明，人们一般情况下只会在过渡时刻使用移动设备，比如，一个人时，或等别人时。而在这些过渡性的时刻，因为有移动设备，人们可以进行线上交流或随时随地与其他人取得联系，这也是在变相地创造社交体验。除了这些观察，汉普顿的团队还发现有移动设备的人会比没有移动设备的人在公共场合花更多的时间。[70] 这一发现让汉普顿认为任何现代化的设计都应该考虑在公共场所设置公共无线网，因为它能够把市民凑到一起。

考虑到通勤的历史，移动设备让人得以避开从前的禁令进行社交互动也不足为奇。交通部门曾经通过公共服务计划来培养通勤族得体的乘客礼仪。这些计划规定人们在通勤途中应该保持安静、沉默，而这种"安静的车"是交通部门最希望看到的，但表现如此循规蹈矩的乘客未免太过极端。安静的车指的是一节单独的火车或地铁车厢，贴着警示牌，告诉乘客他们应该要保持安静，不要打扰那些想要睡觉、工作或阅读的人。[71] 早在指定的安静车厢出现之前，交通部就开始使用公共服务计划来鼓励乘客守礼、懂礼貌、有规矩。[72] 这些计划经常强调要给老人让座，要先下后上。[73] 20世纪50年代，纽约交通局聘请了电视明星来录制有针对性的广播，教学生、家庭主妇以及体育粉丝在列车上该如何注意自己的举止。[74] 针对家庭主妇的信息尤其能反映当时的性别政治，他们宣称这是"说给家庭主妇听的信息""早晚高峰结束之后地铁上会有很多空位，为什么不选择错峰出行呢？"[75] 在这些例子中，交通局定义了通勤族应该遵守的规矩，这些定义反映了对社会等级的预设和强调安静、隐私的行为规范。

说到移动传媒设备，可能最相关的公共服务宣言来自20世纪50年代的日本国有铁道公司，该公司想要治理列车上的一些文化传统，比如远途旅行的乘客会把外衣脱掉，于是就协调发起了一场通勤族礼仪宣贯活动，告诉市民在列车上要遵守哪些行为规范。[76] 除了提醒乘客不要在车上脱外衣，公司还纠正通勤族在火车上该如何使用便携式半导体收音机，要求乘客使用耳机，调小音量。报道解释说，乘客"一般在使用配备有听筒的类似设备时，都会把音量调大，而不是使用个人耳机"。⁷⁷ 移动传媒设备经常会因为它们如何在公开场合让大家变得孤立而被指责，但很明显公共交通系统从发展伊始就鼓励通勤族要保持安静。考虑到这一历史和社会条件就能理解，难怪很多碎片时间经济的产品和服务会帮助通勤族保持沉默了。

考虑到现代工作的要求越来越高，在通勤途中与他人沟通的能力尤其有吸引力。根据《美国经济学家》(*The American Economist*)和皮尤研究中心发表的研究，美国人相比过去，工作的时间更长，假期更少。⁷⁸ 工作量的增加不仅是在成年人中才有的现象，儿童和青少年同样面临越来越大的工作量，争相上名校导致家庭作业、考试以及课外活动更多了。⁷⁹ 工作和课程的压力越来越大，而对肥胖、心脏疾病等健康问题越来越多的担忧让儿童和成人的定期锻炼变得更为迫切。⁸⁰ 对有孩子的成年人来说，家长亲自参与教养这一文化的盛行迫使父母花更多的时间和精力在孩子的抚养上。⁸¹ 文化理论家米拉·摩西（Mira Moshe）认为，新自由主义的传播和数字技术的发展产生了一种"挤出来的媒体时间"，在这段时间里，设备会帮助我们应对日益增多的现代生活的要求。⁸² 这些要求侵蚀了闲暇时间和社交，让我们的设备成了在一天当中"偷得浮生半日闲"的重要工具，尤其是在通勤途中。⁸³

移动设备是满足这些要求的关键工具，同时也为参与文化、对话、发展关系提供了一个出口。移动设备如何方便社交，只通过对移动设备使用情况的表面观察并不明显，但是在皮尤研究中心2015年的一项针对移动设备的研究中，大部分的调查对象（78%）

解释说他们用移动设备与朋友联系，与社交团体保持联络。[84]人们把通勤看作适宜用移动设备来与他人联系的场合。[85]我对公共交通通勤族的调查提供了更多关于移动设备使用和通勤的空间限制与技术限制的详细描述。[86]具体来说，有68%的调查对象解释说他们在列车上使用这些设备的方式跟在家里时不同。一般来说，他们在通勤途中更多是用自己的智能手机，考虑到屏幕的多样性以及在大多数家庭中可以有沉溺其中的其他娱乐选择，这也在情理之中。调查对象还描述了他们在通勤途中的互动，都是完成一些形式简短的任务，相比之下，在家则主要是从事一些形式更为持久的活动。

至此，地铁上的乘客中最流行的交流方式就是发信息。有些批评家强烈谴责发消息，它的崛起证明语言在退化，他们宣称人们正逐渐失去同感能力，（他们声称）这是一种只存在于面对面交流中的技能。[87]另外，技术理论家把发信息和社交网络对话看作"犹如近在咫尺般亲密"——这种交流形式让爱人感觉对方始终在场，一天到晚的对话仿佛不曾中断。[88]对通勤族而言，偏爱发信息是基于利益和实用性的考量。超过70%的调查对象反映，在列车上时，少制造噪声是一种基本的礼仪；通过短消息继续保持对话，而不是打电话，大大减少了噪声。通勤途中少制造噪声，作为一种社交准则，在皮尤研究中心所做的一项社会调查中受到了大多数抽样人群的支持。[89]不仅是礼仪，在通勤途中，交流受到远程通信基础设施的限制，因为网络信号经常不稳定，发信息是乘车途中非常可靠的一种沟通形式。

当问到人们在乘车时经常会给谁发信息时，受访的大多数人都会说跟家人和朋友聊天（图3.1）。超过70%的受访者表示，他们用设备是为了与其他人保持联络。尤其对年轻人来说，移动设备提供了一个维系关系的平台，超过一半接受皮尤研究所调查的受访者表示，发信息、社交媒体上的互动以及消息类应用是他们与朋友保持日常联络的主要渠道。[90]在通勤途中的频繁社交与那些在通勤途中工作的人形成了鲜明的对比。受访者中表示在通勤路上工作（5%）和出示在列车上工作的截图的人（3%）相对较少，这一比例表明通勤族多把这段旅途当作与他人联络的机会，也是在繁忙的工作之余为自己争取到的一点儿娱乐时间。图3.2显示了亚特兰大地铁上的通勤族所发信息的内容。

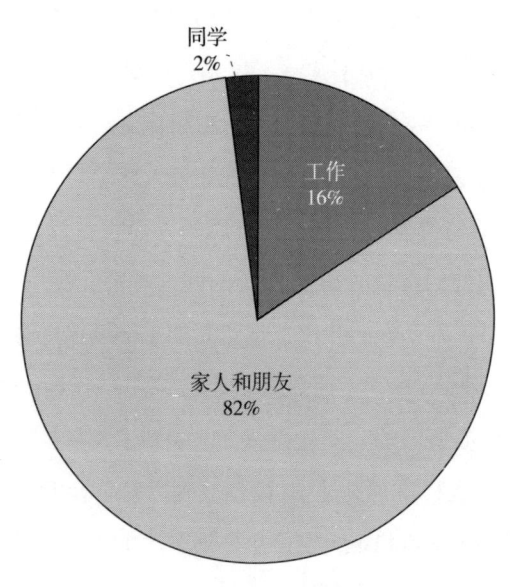

图3.1 亚特兰大地铁上的通勤族在给谁发信息

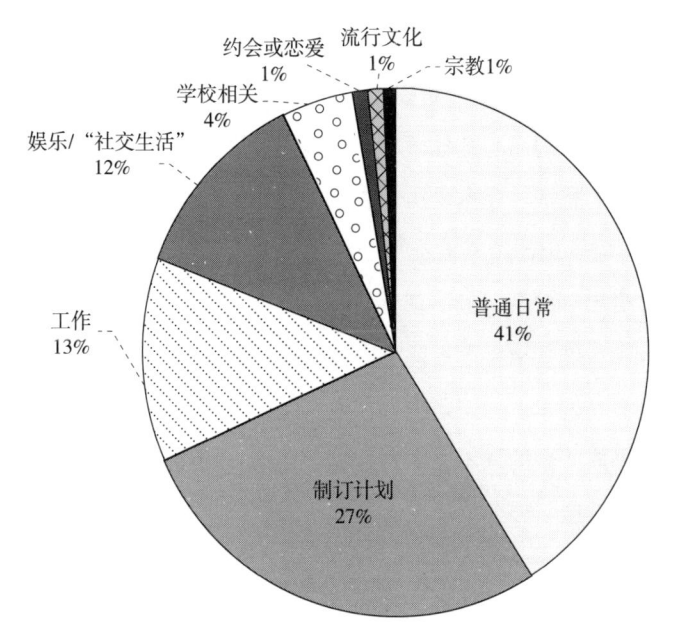

图3.2 亚特兰大地铁上的通勤族所发信息的内容

在谈话过程中，受访者透露了各种各样的话题，超过一半的人通勤途中都是在跟爱人联系，讨论日常生活；有些对话甚至包括了八卦和恋爱。由此可见，通勤是维系关系的关键节点，在这段时间，可以专注于日常事务、为这一天制订计划及与他人联络。许多受访者表示给朋友和亲人发送"早上好"这样的信息，就是为了努力保持日常的联络。人们可能不会跟同行的通勤族有什么接触，但是在这个对时间要求越来越高的世界，他们始终在巩固自己与朋友和家人的关系网。

通过亚特兰大地铁上的通勤族所使用的应用可以看出（图3.3），与他人沟通是人们共同的希望。好几位受访者表示他们会使用社交媒体应用来了解家人和朋友的近况，关注时事。游戏是一种比较流行的放松方式，"可以保持专注"，或是在列车上做到保持沉默。通常这种沟通与其他活动一起发生，因为多任务是移动设备基因中自带的特征。许多受访者表示会在乘坐列车时上网搜东西，从图 3.4 可以看出，搜索的类型多种多样。最流行的活动都与接触外界多多少少有关系，包括查看新闻、邮件、社交媒体、了解当地的餐厅等等。这些结果再次证实广告公司喜忧参半的心情：尽管受访者表示会在列车上上网购物，但调查结果显而易见，亚特兰大地铁上的通勤族所做的远不止上网购物。他们在用移动设备与所爱之人互动，看看这一天公众都在谈论哪些话题。

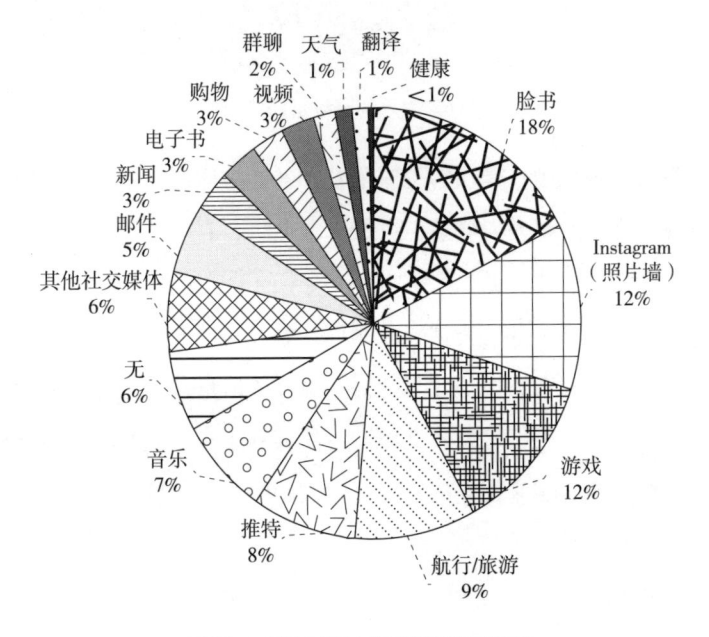

图 3.3 亚特兰大地铁上的通勤族所使用的应用

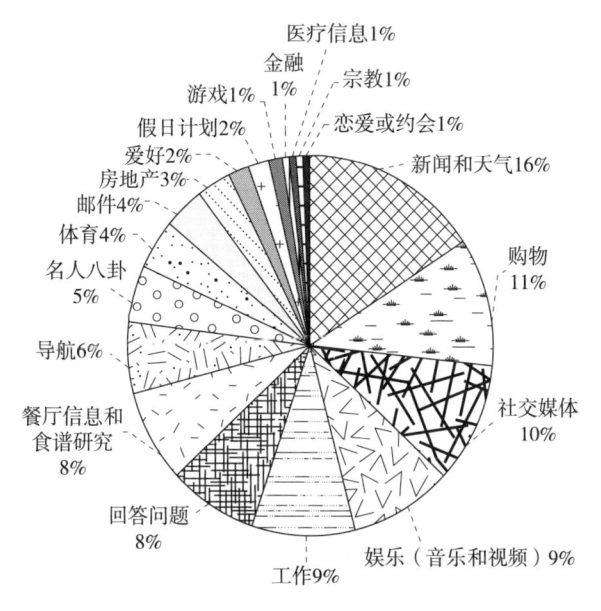

图3.4 亚特兰大地铁上的通勤族的网络使用情况

饼图数据：
- 新闻和天气 16%
- 购物 11%
- 社交媒体 10%
- 娱乐（音乐和视频）9%
- 工作 9%
- 回答问题 8%
- 餐厅信息和食谱研究 8%
- 导航 6%
- 名人八卦 5%
- 体育 4%
- 邮件 4%
- 房地产 3%
- 爱好 2%
- 假日计划 2%
- 游戏 1%
- 金融 1%
- 医疗信息 1%
- 宗教 1%
- 恋爱或约会 1%

打破音频泡沫：通勤族和 Spotify 的播放清单

碎片时间经济并不关注通勤族的社交生活，但是它确实提供了音乐服务，这是许多通勤族在社交时会使用的。在我所做的亚特兰大地铁调查中，共有 83% 的受访者表示会在通勤途中听音乐。原因包括听音乐是打发时间的好办法，可以让通勤过程不那么漫长，可以隔绝列车上的噪声等。受访者还列出了他们喜欢的音乐以及为什么会喜欢这些音乐，包括可以保持清醒、保持专注、为这一天做好准备、振奋精神、有助于放松等。从这些结果中可以看出，很显然，人们选择音乐的原因在于这些音乐是否与通勤的场合匹配。第二章的例子表明，工作场所的音乐选择背后的原因往往是它可以提供背景噪声同时消除其他噪声。在通勤路上，音乐的选择与时间及其所传递的能量相关。许多受访者表示会在早上听音乐，这可以让他们充满力量，面对接下来的这一天；在一日将尽时则会听一些舒缓的音乐。为碎片时间经济提供内容的娱乐公司明白通勤族希望为自己创造一种情绪意境。保罗·艾伦·安德森（Paul Allen Anderson）观察了流媒体服务如何投资音乐选择，好为人们提供背景噪声和情境设置。[91] 例如，Spotify 在 2013 年收购了播放清单设计软件公司 Tunigo，开始提供设定好的播放清单，以适应人们生活的节奏。[92] 一整天中，Spotify 的"浏览"功能会根据情绪的类型和环境，更新其设定的播放清单，包括"冷静""锻炼""通勤""专注""聚会"。罗西奥·格雷罗（Rocio Guerrero）是 Spotify 的产品制作负责人，她负责美国西班牙语区、拉美以及南欧地区的业务。在接受采访时，她说她相信人们经常不知道自己想要听什么，所以才会用 Spotify，因为它可以提供针对不同情绪的播放清单，符合那些没有特别要求，只想放松、发现新音乐的人的要求。[93] 格雷罗对消极受众的描述与碎片时间经济下典型的"后仰文化"（lean-back）式的订阅服务是一致的。Spotify 会去揣摩场景和情绪，匹配相应的内容，通过算法予以过滤，制作出一个播放清单，某种与通勤相关的体裁因此脱颖而出。图 3.5 显示了亚特兰大地铁上的通勤族听的音乐类型。

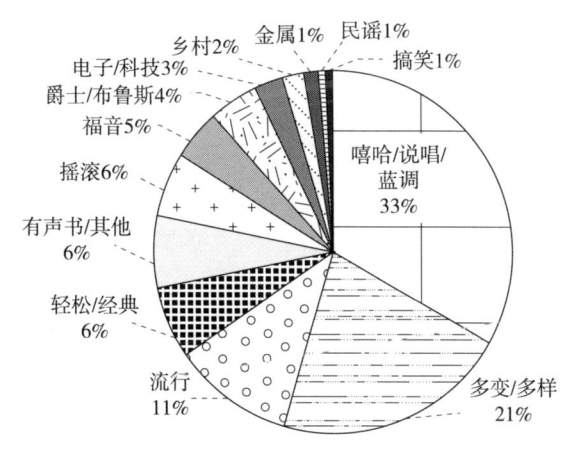

图 3.5 亚特兰大地铁上的通勤族听的音乐，按体裁划分

想想 Spotify 的播放清单"极速通勤"，主打歌曲的类型就是摇滚，归类为"摇滚带你飞"。播放清单中包括最近几年积极向上的摇滚歌曲，没有民谣和"老歌"。相比之下，"清早通勤"的播放清单中均是流行音乐，宣传语类似"找对路，选好歌，大声唱，开怀笑，新的一天……我来了"。Spotify 对打开工作的"正确方式"的定义源自能够获得当代流行音乐并希望收获大多数年轻订阅用户。"晚间通勤"的播放清单与清早通勤的内容类似，主要是最近的流行歌曲，虽然清单中大多是让人放松的歌曲，而不是鼓励其做好准备的。[94] 每一个这样的播放清单均展示出对通勤的看法，包含审美假设和经济要素。在整理这些音乐时，Spotify 会想象通勤族真正想要什么，清早通勤的播放清单的选择是基于这样的想法：员工要斗志昂扬地去办公室上班。正如安德森所提出的，音乐作品价值几许的衡量标准，跟 20 世纪 50 年代在工作场所播放音乐的原因相同，

引入背景音乐（及其他）是为了帮助员工保持专注，更加高效地工作，这才是有用的音乐。[95] 晚间通勤的播放清单功能类似，放松的声景可以让回家路上的通勤族心情愉快，是对他们努力工作一天之后当之无愧的奖励。这些清单反映了 Spotify 订阅用户的品位，因为是依据他们的审美偏好设定的通勤路上的默认音乐选择。

对比 Spotify 的播放清单和亚特兰大地铁上的通勤族的音乐品位，很明显公司对这部分人的定位有误，流行音乐在调查的受访者中很受欢迎，摇滚乐则稍次之。但最明显的区别是，Spotify 的通勤族清单中把摇滚和蓝调音乐完全排除在外。但这一类型在通勤族中恰恰是非常流行的，根据受访者提供的信息，摇滚和蓝调音乐是万用的体裁，经常在通勤路上听这类音乐可以让人放松，同时也能让人充满力量，还能消除背景噪声（图 3.6）。摇滚和蓝调音乐在非洲裔美国人通勤族中尤其流行，根据 Spotify 的通勤族播放清单，显然公司对"放松"的定义跟受访者对之的定义有很大不同。

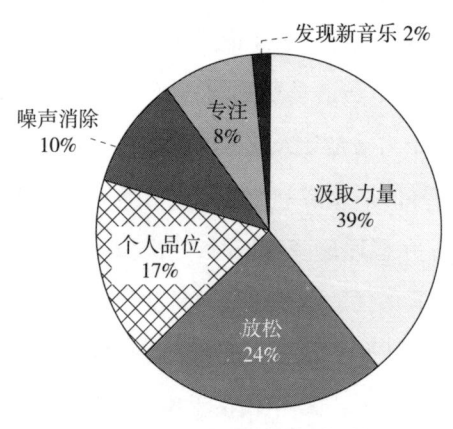

图 3.6 亚特兰大地铁上的通勤族听音乐的原因

- 发现新音乐 2%
- 专注 8%
- 噪声消除 10%
- 个人品位 17%
- 放松 24%
- 汲取力量 39%

亚特兰大地铁上的乘客和 Spotify 之间的音乐偏好差异可能源于流媒体音乐公司的节目安排（图 3.7）。据格雷罗的描述，Spotify 的节目安排过程跟传统的唱片节目主持人的选择策略接近。她解释说 Spotify 设立了四个部门面向全球不同市场：北美、拉美、南欧、美国拉丁语区、欧洲和亚洲。针对这些市场，编辑是根据自己的音乐品位和其对目标市场的认识来管理播放清单的。他们会先发布播放清单，测试其流行度和每一支歌的流行度。接受度不高的歌曲就会被替换，接着用一种他们称为 Keanu 的算法［在电影《黑客帝国》（*The Matrix*）中可以找到出处］。这一算法会分析用户的歌单，以便找到那些与播放清单上属于类似分组的歌曲。这样一来，Spotify 歌单的制作其实是始于编辑的音乐品位，然后通过 Spotify 的计算进行再加工，列表却显示为用户的偏好。但令人惊奇的是，Spotify 实际上并未真正分析过那 500 多首被标榜为"通勤"的用户歌单。

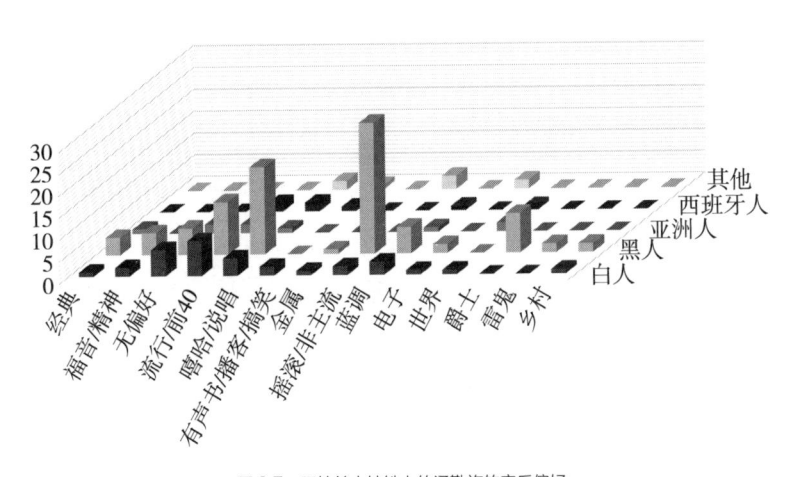

图 3.7 亚特兰大地铁上的通勤族的音乐偏好

Spotify 可能把用户看作被动的订阅者，但是安德森指出，许多听众更希望用自己的音乐收藏来平衡其歌单。

> 对许多成人来说，想听音乐主要是出于怀旧，最近的实验结果显示，带着怀旧的心情听歌，有助于产生积极的想法，让人有成就感。研究者推测，在音乐的刺激下思考和感受，可以帮助一些人更加积极地理解自己的生活，因为他们会想到自己如何一步步从过去走到今天。这种怀旧有一种具体的概念和情感内核，同典型的情绪化音乐中更偏体裁、非个性化的内容有显著区别。[96]

歌单的制作甚至可以是一个培养积极行动主义，建立社群的机会。加拿大多伦多的米根·佩里（Meagan Perry）创办了 StationaryGroove.com，这个网站是一个基于社群的音乐排行榜，人们可以说说自己会在通勤路上听什么，了解其他人喜欢什么。[97] 同样，麻省理工学院的人类联结小组（Human Connectedness Group）开始着手做一些项目，更好地设计移动应用，培养社会关系，包括通过分享音乐发展关系等。[98] 这两个方面的投入都表明了想要跟同行的通勤族建立联系的渴望，希望创作一个由社群生成的歌单，融合通勤族各不相同的听歌习惯。用移动设备听歌可以跟建立社群一样有意义，也可以跟倾听设定好的 Spotify 歌单一样消极被动，但是它始终是一个积极的参与空间，用户就在这个空间决定要买什么东西，情绪也会有所起伏，人们就这样在日常的熙熙攘攘中建立起了联系。

从被动订阅者到积极的表情包

通勤路上的碎片时间经济提供了各种各样的订阅服务,因为传媒公司把通勤族看作焦虑、忙碌、需要娱乐的一群人。那些为订阅服务付费的人获得了媒体内容,让他们可以坐视一切,只管享受旅途,忽视在通勤路上继续工作的冲动。考虑到现代工作的要求,在途中听音乐或看节目,这种放松方式尤其吸引人。不是所有的通勤族都能买得起订阅产品,以及在通勤路上享受流媒体服务的。此外通勤路上的传媒习惯与具体场合密切相关,因为背景乐或音频的选择是基于个人当时所处的场合、心情以及个人品位的。订阅服务可能是通勤族比较青睐的一种商业模式,但听众是被动的想法却没有体现在对通勤族的移动习惯的研究中。通勤族更愿意发信息,播放自己喜欢的音乐,这些音乐可以改变他们的情绪。尽管传媒公司已经为多任务从业者提供了流媒体,数字机构还是开始投资产品和服务,在通勤谈话中加入自己的产品和服务。

这些软件公司提供的最值得称道的产品是类似 Giphy、Riffsy、Blippy、PopKey 和 Kanvas 这样的应用。[99] 虽然这些应用听起来就像技术世界中的"七个小矮人",但这些应用实际上都是创新产品,为移动用户提供 GIF 数据库和多媒体的美化修饰,丰富了文字信息式的对话。[100] 动图博物馆(Museum of the Moving Image)的贾森·爱普生(Jason Eppink)把 GIF 描述成一个"动图联盟":人们分享 GIF,表达一种情感上的回应,或是结束一个论点。[101] 成功分享 GIF 的前提是接收人要理解其所指，与发送者一样对此图很熟悉，也知道其含义。爱普生这样描述 GIF 的成功使用："结果就是一个数字俚语，这是一个没有出处的可视化词汇，无数的人工传媒制品出现在我们眼前，被大家传播、阐释，更多是作为一种语言，而不是一种文化产物。尽管处理像素的是个人，但成就 GIF 的却是社群。"[102]GIF 就像流行文化中的语录一样，因为它从电影和电视中盗用了流行文化的某些场景，又能转用到日常生活中。[103] 这种互动培养了通勤族以及类似人群彼此间的社会纽带。

在芭芭拉·克林格的电影粉丝研究中，她观察到引用或"与KTV 歌厅有异曲同工之妙的影院"在很多方面都可以促进群体之间关系的维系。[104] 克林格认为，"重复性的文本变成了体验掌控、慰藉以及旁观式参与的跳板。在这个层面，重读不再是一项令人痛苦的工作"。[105] 克林格在罗兰·巴尔特（Roland Barthes）的研究基础上，提出引用"让读者能够不必拘泥于叙事顺序和简单的故事消化，重读就像沉浸于一场让文本变得多元的游戏——'似是而非'（虽是一样的东西但读出了不同的味道），这种游戏把文本推向了一种意味深长的重作，可能对那些深信文本自我决定概念的人来说有些痛苦，却代表了一种积极的挪用"。[106] 这一过程与亨利·詹金斯提出的"文本盗猎"（textual poaching）概念接近，粉丝通过重新混合的行为或去背景化的行为获得了对一段文本意义的掌控权。[107] 法律学者劳伦斯·莱西希（Lawrence Lessig）进一步发展了这些论断，认为重新混合是文化发展演变的方式。[108] 汤博乐上用户发布的形形色色的 GIF 道出了这一做法的政治意义。动图学者格雷格·乌林（Graig Uhlin）认为：

> GIF 政治堪称一种文化挪用，是在抵制"视动图为商品，限制其使用"的做法。尽管 GIF 没有自己的社群，分享 GIF 却培养了一种社会纽带，帮助维持现有的关系。比如，让汤博乐流行起来的 GIF 动图墙总是围绕个人身份认同（研究生、"90 后"的个人等）——换言之，这一群人本就有共同的经历，掌握了全部词汇。GIF 让他们能以旁观者的视角参与折射在这些身份中的流行文化。[109]

在流行文化中加入新的背景激发了创造力，带来了新一代讲故事的方式和新的思考。使用 GIF、表情包和语录让观众身居要位，可以通过日常的互动为品牌提高、降低或扩大价值。

观众进行再混合的不可预测性和 GIF 暂时没有创收模式让一些娱乐公司意识到了要维护自己的知识产权。美国职业橄榄球大联盟、终极格斗冠军赛和 NCAA 都要求社交媒体平台撤掉其体育赛事的 GIF 和视频剪辑。[110] 这些体育联盟的保护主义政策与让 GIF 大火的精髓互相矛盾。这种文件类型从 20 世纪 80 年代就一直存在，因为它是一种开源文件，任何平台都可以兼容。[111] 乌林解释说："GIF 的设计是为了方便传播，为了无拘无束地流动。通过反盗版的努力和版权执行限制文化产品传播，意味着会让原创的'传播'更加困难，在某种程度上，显然势必要走向移动化的 GIF 的流行正是在对原始素材相对缺乏移动性的回应。"[112] 类似 Betaworks 这样的创业公司已经理解了这种精髓，并开发出用户创作的 GIF 数据库，让这些动图可以搜索得到，而且很容易插入对话，使这一数据库变得十分流行。[113] 类似迪士尼和脸书这样的公司已经为这种策略奖励了 Betaworks；两家公司都很欢迎使用其知识产权，并且聘请了 Betaworks 来为自己的 GIF 数据库提供软件支持。[114] 流媒体视频服务商 Hulu 和社交媒体平台汤博乐、推特已经决定要推动 GIF 的传播。[115]

这一趋势反映出，业内普遍认识到，在碎片时间经济中存在品牌推广和宣传的机会，其价值大于订阅服务带来的收入。迪士尼与推特联合发起了一场市场宣传活动，最终超过 10 亿人看过该公司推出的《星球大战》(Star Wars) 表情包，迪士尼因此决定开发它自己的 GIF 应用。[116] 对于大一些的传媒品牌，如《星球大战》，将故事、语录和人物融入碎片时间经济以后可以获得很好的宣传效果。《星球大战》和《速度与激情》的营销方案都使用了导航应用，如 Waze 和谷歌地图，以俘获通勤族。[117] 无论是《星球大战》里的机器人的声音导航，还是霍默·辛普森（Homer Simpson）表达想要一个馅饼的 GIF 动图，营销方案和 GIF 数据库让人们可以把流行文化融入日常生活。这些方案很少为传媒公司直接提供收入流，但是它们的确让消费者知道了新产品，增强了品牌忠诚度。

很多公司都在投资表情包键盘、GIF 数据库以及模因生成器，但是它们对碎片时间经济所产生的影响，相比发起订阅流媒体播放平台，一再强化通勤族受众的被动形象等方面所做出的努力，可谓小巫见大巫。2015 年，两家移动手机公司共同制订了战略计划，准备要投资碎片时间经济。AT&T 收购了卫星电视服务 DirecTV，这两家（无线电供应商和卫星电视服务）公司的经济前景在新的消费者习惯到来之际达到了巅峰或是停滞期。[118] 同时 AT&T 称这次收购是在日益增长的移动视频市场中一次"加快创新和发展"的机会。[119] 创新这个借口一般都是公司在涉及并购和收购时用来安慰忧心忡忡的管理者的。但这一承诺最终确实落地，成为一个实实在在的消费者战略，也就是 AT&T 推出的"多合一"移动内容计划。这一计划为消费者提供了一站式商店，可以获得移动报道和电视内容，包括可以在 AT&T 的移动应用上花很少的钱看电视。无线运营商 T-Mobile 迎头赶上，宣布了一项计划，允许其移动消费者观看不限量的流媒体视频，没有流量限制，也就是众所周知的"零税率"做法。[120] 这一计划名为"可劲儿玩"，它预想了一个移动空间，让人可以在公共场合看电视。AT&T 的首席执行官兰达尔·斯蒂芬森（Randall Stephenson）在一次并购后发表的声明中明确表达了这一野心："有我们这些全国性的零售商在，有横跨东西海岸的电视和移动报道，以及无所不在的宽带，我们势必要成为行业内的一枝独秀，引领视频业的发展，塑造行业的未来。我们有最优的资产来重新定义无所不在的电视，并提供一种真正独一无二的娱乐体验。"[121] 两个计划都是很典型地把碎片时间经济，或者再具体一些——通勤，变成了一个可以让人们看电视的地方，而不是一个要与外界联系的地方。尽管 GIF 和表情包折射出人们想要在通勤途中社交的愿望，这些间接的经济收益对投资人和内容制作人的吸引力却不像订阅服务的直接收益那样大。

除了对消费者体验的被动解读，对移动电视观赏体验的关注也反映在调控政策上。2014年奥巴马政府宣布了要把互联网当作一个共同载体的计划，这一分类上的转变将扭转持续了几十年之久，并推动了经济发展和互联网私有化的政策。美国《电信法案》第二类（*Title II*）① 中的相关规定也说明，互联网的生成功能，更看重文化的积极使用而非其被动消费。克林特·芬利（Klint Finley）是《连线》的特约作者，认为电信公司的做法是想要影响用户的移动观赏体验，支持私有化的互联网和已经建立的内容公司。[122]芬利解释说："零税率的做法看起来似乎与网络中立的原则形成了鲜明对比，后者要求对所有的服务都应一视同仁，无论是音乐流服务、文件分享应用，还是其他类型的服务——而且无论它们是由财政状况良好的创业公司运行还是由社会底层的非营利社群运行。"[123]随着这类移动服务逐渐推广，管控政策可能会转而支持消费，而不是向对话或二次创作的内容倾斜。碎片时间经济可以接纳订阅服务，也可以接纳GIF数据库，但是两种服务反映了对通勤族截然不同的看法，培养了不同的移动习惯。订阅服务背后的经济刺激体现的是被动性和隔离，在批评家看来，这是传媒公司鼓励在公共场合使用移动应用所致，而实际上，通勤族真正感兴趣的恰恰是利用出行这段时间进行社交。

---

① 美国《电信法案》将通信业务分成两大类，一类是采取宽松管制的"信息服务"，另一类是需要进行严管的"电信服务"。——译者注

第四章

等候室：从无聊中获利

众所周知，如果要做广告，美国职业橄榄球大联盟年度冠军赛——超级碗绝对是一年当中的绝佳时机。超级碗的广告出了名的贵，因为面向广大的受众。[1] 2015 年的超级碗播出了手游公司超级细胞（Supercell）的一则广告，由利亚姆·尼森（Liam Neeson）主演。这一则简短的广告成了 YouTube 上最火的视频之一，并被 Billboard（公告牌）排行榜推选为当夜最佳广告。[2] 在广告片中，尼森坐在咖啡馆里，为了打发时间，他拿出手机开始玩《部落冲突》（Clash of Clans）。就在他去取餐的间隙，尼森的虚拟小镇被摧毁了，他发誓要报复游戏中的仇敌——广告模仿了他出演的电影《飓风营救》（Taken）中的戏剧风格。该广告的成功在于尼森对自己在手游中的虚拟生活和财产遭受损失之后夸张的反应。这一幽默运用得很成功，因为它取自容易识别的场景，即人们会在等待的间隙玩手游。

本章对《部落冲突》广告中呈现的问题持批判的眼光,我们认为手游记录了手机用户休息时间的价值。每一次人们在手游中升级或有所突破,都相当于在提醒他们花在等待上的时间是有价值的。人们可以用自己的等待时间来完成工作任务,但是手游拉动的碎片时间经济则重新定义了等待时间:这是一个获得个人成就,自我掌控的机会。这些积极的属性可以帮助人们应对等候室中的空间关系。本章通过分析空间关系、娱乐行业和等候室中的移动用户之间的关系,揭示出在碎片时间经济时代,"消磨时间"相当于在做标记,在展现个人时间的价值。消磨时间并非等候室中才有的行为,比如卫生间也是人们使用移动设备的另一处流行场所。[3] 此外,玩手游也不仅限于等候室,而是为特定的场合设计的,这一点跟电视节目有点儿像。[4] 本章中描述手游的方式与描述电视节目的方式接近,它是碎片时间经济文化的一部分,专门为诸如等候室这样的空间所设计。具体说来,本章认为手游产业是碎片时间经济的一部分,因为它把等候室中的受众归类为一群希望从其休息时间中获取价值的人。

移动手机文化的批评者和无所不在的互联网均认为,人们在等候室中使用移动设备其实是为了寻找慰藉。传媒生态学家兰斯·斯特拉特(Lance Strate)把个人主义和发展停滞归因为移动设备的高度互联,这一看法与尼尔·珀斯特曼(Neil Postman)的观点一致。[5] 大量使用移动设备意味着沉迷,让人不能"保持在场",不能找到工作与生活之间的平衡。[6] 如此评价碎片时间经济背后的政治和等候本身所体现的权力动态,本书不能接受。在安娜·麦卡锡对具体场域的分析基础上，我发现了那些特殊的传媒业务，它们在瞄准等待受众的同时，还利用手机发展起了碎片时间经济。[7]这种经营策略决定了内容，包括视频游戏，而反过来又形成了等候室文化。伊恩·博戈斯特曾经对视频游戏的程序修辞（procedural rhetoric）展开研究，在他研究的基础上，我认为手游让等候的内涵更加丰富，给了移动用户一个重新确立自我、证明自我价值的机会。[8]手游《辛普森一家：深入探索》(*The Simpsons: Tapped Out*)的游戏玩家社区的记录证明，该游戏的内容有助于人们创造性地"消磨时间"。通过探索等候室中的碎片时间经济的各相关要素，我们发现，移动设备远非简单的、堕落的消遣形式，而是记录个人时间价值的重要工具。

等待这件事

等候室里经常会有电视和杂志，好让人们通过娱乐、放松、了解讯息等方式对抗无聊和沮丧。移动设备改变了等候室的意义，把一段短暂的经历，变为让人们通过在移动设备上取得的虚拟成就记录个人时间价值的一种方式。这种改变一部分源于移动设备和等候室中安放的电视之间的技术差异，还有一部分原因就是，等候室中不同传媒的商业模式之间的经济差异。一方面，等候室是碎片时间经济的一个竞技场，就跟通勤一样，历来都是广告商竞逐的市场。另一方面，随着免费增值商业模式因"微支付"逐步发展繁荣，手游能够从中赚取利润。等候室中的电视上所播出的广告旨在通过人们喜闻乐见的、与赞助产品有关联的信息来吸引理想的目标人群。

一直以来，等候室中的广告大多会结合具体的场景考虑人在其中的体验，提供的娱乐或信息均有安抚作用，让人不至于因等待而感到无聊、有压力和沮丧。安娜·麦卡锡对"周围的电视"（ambient television）进行了分析，找出了那一类专门为等候室制作节目、企图从等待者的行为中赚钱，并规范等待者行为的公司。麦卡锡解释说，在等候室，屏幕上的节目自带一种身份认同和公民的意识形态概念。电视历来都在鼓励划清公私的界限，鼓励被动接受。[9]特纳专用网就是这样一家为等候室创作内容的公司。麦卡锡在特纳专用网的行业描述中发现了这样的语言，公司把候机室的娱乐和新闻当作"等候区域内弱化时间概念的良伴，当作一种可以改变当时的整体情感体验的环境干扰"。[10]麦卡锡接着描述了医生办公室和政府办公楼中的电视屏幕有何具体作用。她说道，在这些地方，屏幕更多是告诉那些等候的人关于该机构的信息和服务，而非作为一种干扰。[11]后面这两个例子重新定义了等待这件事，等待应该是赋能的机会，可以推动社会进步，丰富人们的生活。整体来说，麦卡锡所传达的信息就是等候室中的电视屏幕在试图转移受众的注意力，规范其行为。

本章在麦卡锡的研究基础上又有所更新，我们在研究等候室中的碎片时间经济时，跟麦卡锡一样选择了同一家公司——特纳专用网，分析其在移动传媒时代的经营方式。在约翰·T.考德威尔、维姬·马耶尔和詹妮弗·霍尔特等传媒行业学者相关研究的基础上，我对 CNN 机场新闻网的分析表明了日常的操作和收入期待如何共同决定了等候室才是了解信息的安全之地。[12] 这种方法结合了面谈、现场观察、文本分析以及描述公司如何定义领域成功的贸易对话分析。在麦卡锡的基础之上，我在 15 年后再次拜访 CNN 机场新闻网，很明显该新闻网已经改变了自己的节目制作策略，以适应重重压力，包括偶尔出乎意料的状况，比如日新月异的数字技术、"反恐战争"，以及特纳公司结构的调整。麦卡锡对特纳专用网的评估主要是基于她根据话语分析框架解读的宣传材料，这种解读构成了她对等候室的意识结构的理解。在为本书做调研期间，我在亚特兰大见到了特纳专用网的成员，拜访了其工作场所。我在那儿的体验验证了麦卡锡的很多论断，为我理解该电视网的发展历程提供了独特的视角。

CNN 机场新闻网是特纳户外网的一个分支，为等待的旅客提供娱乐电视节目。1991 年，它最早从三个机场起步，现在已经扩大至全球 47 个机场候机室。该电视网的受众预计在 2 000 万左右，但是要注意，这是一类特殊的受众，他们无权决定要看的内容。该电视网的节目制作人注意到了这一点，但是却依赖通过观众调研来了解人们在等待过程中最喜欢看什么样的节目。这些调研表明了哪些节目是人们觉得可以安慰自己的，调研还表明在一天当中的不同时段，人们想要看的电视节目的类型也会有所不同。例如，CNN 机场新闻网把新闻安排在早上，以便让人们在一日之初就对时事了如指掌。在下午和晚上，CNN 机场新闻网安排了多种多样的节目，比如《柯南秀》和《真实体育》(*Real Sports with Bryant*

Gumbel)的剪辑。根据特纳所做的内部观众调研，CNN 机场新闻网所选的内容即将完成预期目标。[13] 观众调查证实了电视网的节目效果，同时鼓励像星巴克、绝对伏特加（Absolut Vodka）、香蕉共和国（Banana Republic）、凯尼斯·柯尔（Kenneth Cole）和威瑞森（Verizon）这样的公司投放广告，在他们眼中，等候室的受众就代表了一个选区，有直接的情境需求和财富。[14] 这些公司经常会跟 CNN 机场新闻网合作制作品牌内容，这些内容围绕共同的主题结合了本公司的产品和特纳的内容。

特纳专用网还为 Accent Health（健康生活电视网）传播和制作内容，Accent Health 电视网覆盖 1.3 万个等候室，在全国的受众多达 1 400 万人。此外，在 2 000 家加油站都能看到 Gas Station TV 电视网，每个月看节目的司机多达 3 700 万人次。每一个这样的"等候室"的背景都巧妙地与"用特纳内容库对抗无聊"的逻辑契合。为了利用这一服务创收，CNN 机场新闻网与广告公司合作，根据相关内容进行匹配。在电视学者看来，受众和广告之间的联姻是美国电视业最基本的现实之一。雷蒙德·威廉斯提出了一个术语"流"来形容广告解决方案和叙事张力之间的互融。[15] 就等候室而言，所传达的广告讯息就是：消费品所带来的舒适，可以缓解旅途中的担忧。

然而 CNN 机场新闻网对特纳真正的价值却不在于广告收入，而是推销了特纳的其他产品服务。跟工作场所的碎片时间经济一样，等候室的节目与企业的品牌推广尝试有关。在媒介碎片化、各传媒平台内容选择爆炸的时代，让消费者知道你的内容尤其重要。

CNN机场新闻网在收视率上可能无法与其他电视网匹敌,但它吸引理想人群的能力,让这部分人看到整个特纳帝国的节目,这一点对特纳整体的成功来说十分必要:TBS、TNT(美国付费电视网)和Cartoon Network(卡通网)的收视率之所以能在最常看的有线电视网中高居前十,这种经营策略功不可没。[16]本书通篇都在探讨,碎片时间经济是一个关键的节点,正是在这里出现了品牌管理,让消费者准备好迎接即将来到的内容。CNN机场新闻网花了将近25年的时间逐步完善具体的实施策略,反过来教会了移动传媒该如何参与碎片时间经济。

利用CNN机场新闻网进行交叉推广的理念并不是全新的,但是它确实具有全新的意义,因为CNN近年来一直努力在竞争激烈的市场中维护自身价值。2012年冬,CNN聘请NBC环球的前首席执行官杰夫·朱克(Jeff Zucker)来主持电视网的工作,希望遏制其收听率的严重下滑。CNN当时正面临"身份危机",因为有线电视新闻正逐步成为它如日中天的竞争对手——福克斯新闻频道和MSNBC(微软全国广播公司)的主场。[17]朱克的解决方案就是投资原创内容,比如纪录片系列和真人秀节目,同时维持电视网的新闻声誉。[18]朱克一手策划了NBC的《今日秀》节目,该节目非常巧妙地把新闻和专题节目打包成了简短的片段,每天早上,人们准备去上班时就可以看这些节目。此外,朱克管理NBC的经历,让他深谙节目彼此之间如何关联,电视网如何发展为一个跨平台、跨频道的品牌,《好莱坞报道者》的传媒评论家蒂姆·戈德曼(Tim Goodman)曾说,朱克来到CNN是一个重大的结构调整,他改变了公司的日常运作,公司从一群决策者变为由新任首席执行官为大家提供核心愿景。[19]这一愿景表现在项目的顺利审批和现有节目的取消上。比如,朱克取消了CNN以前特有的访谈和辩论节目。[20]相反,他大力宣传推广原创性即兴节目,由人气颇高的真人电视明星担任主持人,如迈克·罗韦(Mike Rowe)和安东尼·波登(Anthony Bourdain),推广如汤姆·汉克斯(Tom Hanks)这样的电影明星所制作的纪录片。[21]CNN的新闻报道经常通过对类似主题展开专题报道支持即兴创作内容。[22]交叉推广的策略展示了其多管齐下的决心,让观众能在多种多样的CNN平台上看节目。

艾莉森·桥本(Alison Hashimoto)是特纳专用网的节目制作副总裁,她在一次采访中说道,就CNN机场新闻网而言,公司领导层从未对节目制作提供指导,但是朱克决定投资原创内容,比如纪录片和即兴节目,方便了特纳建立资料库,让CNN机场新闻网能借此完善自己的节目安排表。约翰·T.考德威尔提出了一个术语"评判性制作"(critical production practice),指"行业对安排给自己的节目和艺术决策的解构和自反性倾向"。[23]考德威尔同意,在决定意义生成方面,受众和传媒专家秉持的原则是一致的,如果我们能认识到这一点,我们就会发现一家公司或娱乐行业的逻辑和文化。[24]CNN机场新闻网的节目安排充分体现了传媒专家如何理解自己的工作及其工作内容的意义。桥本和她的团队必须要在特纳资料库的固定框架内,决定什么内容适合等候室这一场合,这一点很像是观众如何结合广告内容和自身的社交与意识需求。CNN机场新闻网团队把不断丰富的特纳资料库看作为等候室内的受众提供的潜在养料，然后决定资料库的意义和用途。朱克可能没有告诉CNN机场新闻网的节目制作人要播出什么样的节目，但是他们接受并使用了朱克规定的内容，认为对等候室内的受众而言，其娱乐程度适宜，信息量适当。CNN机场新闻网在宣传特纳的内容，但是它同时也在设定这一内容，将之限定在等候室受众的心理和具体的品位文化框架内。CNN机场新闻网正慢慢发现，对受困的出行人员而言，某些特纳的内容是可以让人放松的，并能够提供信息。特纳的品牌，就像CNN机场新闻网正在甄选的那样，是舒服的、容易消化的、面向大众的，无论是对等候室内的受众，还是坐在家中电视机前寻求放松的人们，它一样充满吸引力。

在全球恐怖主义的时代背景下，为了不偏离为旅客提供一个舒适放松的环境这一目标，CNN机场新闻网越发重视交叉宣传了。在"9·11"事件之后，CNN机场新闻网也不能免俗，开始担心是否应该在候机室播放暴力和其他创伤性连续镜头。桥本解释说："我们是不会在机场电视网上播出画面感很强的视频的，机场本身就是一个令人紧张的环境，人们无法从各自的登机口离开或走远，所以他们对那些现实很敏感。"[25] 尽管机场电视网经常使用CNN的广播内容，但它开始转向了预先录制好的片段或天气预报，避免报道国际事件，尤其是与撞机或暴力相关的事件。

2014年春，机场新闻网开始疲于管控对敏感内容的处理了，当时CNN把大部分节目时间都放到了对马航失踪事件的报道上。[26]CNN的报道，虽然缺乏对失踪事件的最新详细报道，但作为有线电视网，在收视率上大获成功。然而对 CNN 机场新闻网来说，这则是一个棘手的难题。[27]CNN 机场新闻网的节目制作团队把白天的广播变成了 15 分钟的片段。因为团队不能使用 CNN 的内容（多数都是马航飞机失踪的报道），他们面临严重的节目内容短缺。为了填补这个缺口，他们使用了纪录片、生活类的节目，以及整个特纳新闻网上所有篇幅短小的专题报道。桥本解释说，CNN 机场新闻网的节目制作流同传统的电视的时段安排类似。清晨播出资讯，让那些因为要赶早上的航班而没有机会了解世界大事的人能掌握全球动态。晚上的节目就更加放松，丝毫不沉重，是为那些在回家路上的人所准备的。最重要的是，节目必须是家庭友好型的，因为候机的受众中经常会有孩子。桥本提到了《真实体育》中的片段、特纳经典电影制作人或演员简介、《柯南秀》的喜剧片段、安东尼·波登的游记《未知之旅》(*Parts Unknown*)，以及 TruTV 的魔术节目《卡波纳洛效应》(*The Carbonaro Effect*)，这些内容都是资讯类的、家庭友好型的，适合候机室的过渡环境。就像第二章中讨论过的，这些节目都是零食化的消遣，面向的是忙里偷闲的一天中无数美好短暂的休息间歇。此外，节目制作策略起到了宣传特纳这一传媒巨头的作用，因为所有的片段让"困"在候机室的受众看到了特纳专用网上各种各样的节目。

类似 CNN 机场新闻网这样的传媒公司早就瞄准了等候室内的受众，尝试催生等待感，预测广告公司追求的富裕旅客的品位和渴望。就特纳专用网的例子而言，这一内容很有吸引力，倾向于关注男性的自信心和对世界的探索。例如，安东尼·波登的《未知之旅》，被描述为"很有男子气概，却不飞扬跋扈"，体现了"讽刺性的人道主义";[28] 迈克·罗韦的《得有人去做》(*Somebody's Gotta Do It*),声援的是与工程相关的努力工作,而 Playtone(普雷通公司)回顾 20 世纪 60 年代的纪录片则主要围绕"最伟大的一代"。这些节目反映了对等候室内的受众的人物预设,显然是年龄更大、更有男子气概、更看重工作的一群人。这一受众的人设折射出在电视网投放的广告公司和电视网自身的限制,但它同时也限制了对人们在等候时真正想要看什么的思考。

移动设备上多种多样的游戏和体验扩大了等候室内的个人选择,提供了互动性、社交以及控制感,让 CNN 机场新闻网对等候室内"放松"的定义不再狭隘。移动设备对诸如 CNN 机场新闻网这样的电视网是一个显著的威胁,因为它也在争夺等候者的注意力。桥本说道,面向家庭受众的电视网同样面临这些屏幕的竞争。此外,等候室存在各种各样的干扰。节目制作人希望提供让人"眼前一亮"、马上抓住其注意力的内容和图片,让受众注意到一些片段和中间插入的商业广告。考虑到桥本的具体工作内容、为广大受众制作节目本身面对的限制、移动屏幕的不受限等,她的解释也不无道理。移动设备上有许多使用广告商业模式的应用和服务,但是很多手游使用的免费增值商业模式,让其能为等候室内的受众创造截然不同的价值。

在压力场所的休闲类游戏

"休闲类游戏"是指一上来就能玩得很开心的那类手游。[29] 这些游戏在移动设备上极其流行，因为人们很快就能学会，对于在等待的同时想要找乐子的人而言，这些手游非常适宜填充其碎片时间。它们与单机游戏存在显著不同，后者让人更紧张，游戏时间更长。同时，休闲类游戏也比单机游戏更便宜，通常都是免费增值的模式或者可以免费玩，这种盈利模式意味着人们可以免费玩游戏，但玩家若想在游戏中升级，就得付费。这种附加费的诱惑让休闲类游戏成为手机上最赚钱的应用之一。[30]休闲类游戏，尤其是策略类游戏的子类，迫使玩家整合资源，完成一系列任务或解谜。玩家可以在自己不忙的时候轮流玩游戏，然后等着另一个玩家出招或者依照游戏规则耐心等着，然后再自己出招。这样，游戏本身经常就是要等待的，玩家在休息的间隙积累了成就感。选择额外掏钱或在游戏上花更多时间的玩家可以加快等待的进程，伊丽莎白·埃文斯形容这个过程是"烦躁经济"（impatience economy），认为游戏的架构让有钱人可以跳过规定的等待时间。[31]这些游戏反映了等候室内的政治现实，有资本花钱买捷径的玩家就不用按部就班地等着轮到自己才出招。与传统的等候室不同，这些游戏能记录等待时间的价值。在游戏中能够获得成就感，又能成为社群的一员，休闲类游戏就这样把等待的时间变成获得成就感、彼此竞技的时刻。移动设备把等待从"消磨时间"变为赢得认可、记录个人时间的累积价值的行为。

休闲类游戏改变了等候室内的政治格局，让移动设备用户能从不方便中获得价值。巴里·施瓦茨（Barry Schwartz）曾说，等待这个行为在现代就如同一个危机时刻，提醒人们注意自己属于哪个社会阶层。[32] 安娜·麦卡锡观察到在等候室中加入娱乐项目，例如电视机，其目的是让人们分心，缓解这种突如其来的社交不适。[33] 电视重新把等待变成一个提高效率、自我提升的机会，CNN 的桑贾伊·古普塔（Sanjay Gupta）会传播健康知识，就是一个典型的例子。特纳专用网认为这种节目是在教人如何活得更健康。[34] 麦卡锡提出，如此努力地让人们分心，可能适得其反，因为它经常是在提醒他们已经等了多长时间了。[35] 这样，原本是为了混淆社会秩序、安抚人们的媒体内容，实际上却让人们专注在了自己的不合群和疏离感上。休闲类游戏也有类似的功效：其游戏机制和收入模式强化了受众的等待意识。但与此同时，休闲类游戏为人们提供了一种记录个人时间价值的方式，从而让人们在等待时重新掌握主动权。

麦卡锡分析等候室内受众的方法主要集中在具体场域的人种学分析，尽管我通篇都在应用这种方法，但本章中，我将主要用这种方法分析等候室内移动设备上的视频游戏。因此，本章会考虑玩休闲类游戏这件事本身和它所吸引的社群。视频游戏学者伊恩·博戈斯特提出了研究游戏的"程序修辞"的想法，即视频游戏是通过游戏规定传达其教义。博戈斯特解释说："视频游戏不仅仅是方便文化、社交和政治实践的台阶，也是能够代表文化价值的媒介，如批评、讽刺、教育或评论。"[36] 一种游戏所支持的理念明显能通过游戏中的人物、情景和对话看出来，这一点在"构建游戏意义"的规则上体现得更明显。[37] 当移动用户在休息室内玩休闲类游戏时，他们知道了游戏的规则。从这一体验或者娱乐的过程中，他们理解了游戏的意义。

休闲类游戏可以玩很多年，玩家在移动设备上倾注了自己的心血。他每次登录自己的游戏，都能通过自己的游戏进度看到个人等待时间的价值。此外，更加投入的玩家可以因为所玩的游戏和在休息时间所取得的成就而产生自豪感，进而建立游戏社区。游戏能够记录个人进度，这一点深化了游戏的政治引申义，因为它反复提醒一个人在等待过程中取得了什么样的成就。在移动设备出现之前，游戏——比如滚球类的解密游戏——最早是从19世纪40年代开始在英国流行，跟休闲类游戏类似，能够让等待显得更轻松。美泰公司（Mattel）和老虎电子公司（Tiger Electronics）在20世纪70年代创造了这种掌上娱乐的电子版并开始销售。如第一章所探讨的，任天堂在1989年发布的Game boy增加了电子手游的种类。现代化的手游，以及休闲类游戏和这些早期的手游有相似之处，但是随着移动手机的激增，休闲类游戏变成了主流。这些手游跟早期的电脑游戏，比如《俄罗斯方块》和《贪吃蛇》比较接近，智能手机的出现让更复杂、更精准的互联成为可能，让休闲类游戏成为视频游戏行业中增长最快的板块。[38]

休闲类游戏有三个子类：解谜类、策略类以及无止境类（endless-running）游戏。解谜类游戏的粉丝是年龄稍大的女性群体，策略类游戏的玩家主要是男性，而无止境类游戏则大多是年轻的玩家。[39] 解谜类游戏是棋牌游戏和脑筋急转弯的电子改良版，它们是早期的字谜游戏移动文化的数字扩展版。策略类游戏则是受众更多的多玩家在线游戏的简化版，其目的是逐步建立据点，依据简短的叙事完成任务。在策略类游戏中，玩家经常会与线上社群中的人竞技。游戏鼓励玩家使用其社交媒体找到潜在的挑战者。无止境类游戏跟"80后"和"90后"早期所玩的单机视频游戏接近，比如《陷阱》（*Pitfall*）和《超级马里奥兄弟》（*Super Mario Bros.*）。这些游戏的设计就是不断躲避环境中各种各样的危险，一路勇往直前，获得越来越多的积分。

这些游戏因为两个原则同属于一个大类，也使其不同于等候室内以往打发时间的方式。这两个原则就是：第一，它们每一种都是免费增值的收入模式；第二，它们都有一个社交网络的选项，让其非常适合在碎片时间快速玩一把，在社交网络上分享游戏进度。举例来说，游戏《小裂纹》（*Trivia Crack*）的玩法是，两个玩家彼此对战，轮流用棋牌游戏《打破砂锅问到底》（*Trivial Pursuit*）的风格来回答问题。一个选手回答完问题以后，必须等着对手回答问题。一个玩家可以先跟其他对手开始新的游戏，并且一直玩下去，但同步进行的游戏数量是有上限的，除非玩家愿意付费继续玩。同样，策略类游戏的顺序是由完成任务所需的等待时间所决定的。玩家必须采取一定的策略给人物安排任务，利用他们积累的资源。只有人物完成了任务，或补充了资源，玩家才能继续，否则，他们必须额外付费，才可以跳过等待的时间。正如伊恩·博戈斯特所言，这些为休息时间或等待而设计的游戏是因为它们"既依赖于游戏进度不时中断，又依赖于游戏中的补给，也就是说，优秀的非同步多人游戏会把这些'间隙'设计为'红花'，而非衬托用的'绿叶'"。[40] 表4.1 列出了最流行的休闲游戏分类。

表 4.1　最流行的休闲游戏分类

题材	例子	制作公司
解谜类	糖果传奇	King
	龙族拼图	Gung-Ho
	愤怒的小鸟	Rovio
	与朋友猜词	Zynga
	纸牌	MobilityWare
	钢琴块	Hu Wen Zeng
	两点之间	Betaworks One
	2048	Ketchapp
	小裂纹	Etermax
策略类	部落冲突	超级细胞
	战争游戏	Machine Zone
	辛普森一家：深入探索	艺电
	乡村度假	Zynga
	海岛奇兵	Epic War
	雷霆天下	Epic War
无止境类	像素小鸟	Gears Studios
	登山赛车	Fingersoft
	地铁跑酷	Kiloo
	神庙逃亡	Kiloo

资料来源：泰勒·索珀（Taylor Soper），iOS 和安卓系统上最常用的 25 款游戏，Geek Wire，2014 年 11 月 4 日，www.geekwire.com。

传媒行业学者伊丽莎白·埃文斯指出这些干扰是为了支持游戏的经济模式而设计的。埃文斯认为，这些游戏有两种创收途径，强化某一传媒品牌和"利用玩家的烦躁"。[41] 平均来说，移动玩家每月会在游戏升级上花 5 美元。[42] 有一些玩家，算是休闲类游戏发展中的"鲸"，会花更多的钱来避免延迟时间。一般来说，玩家是可以接受这些延迟的，因为他们只是在一天当中的休息时间玩一会儿而已。根据博戈斯特所提出的"程序修辞"的概念，很显然，休闲类游戏可以代表玩家的"世界观，即玩家可以理解、评估、考量的事情"。[43] 这些为等候室设计的游戏对等待这种行为而言也是有象征意义的。玩家可以基于其经济状况，选择到底是把这些游戏当成短暂的干扰，还是更有价值的经历。玩家所面临的问题就是，是否要通过优质的内容和功能优化其在等候室内的体验。

这些问题在策略类游戏的子类下显得尤其有意思，这些游戏迫使消费者整合资源，同时对其个人的游戏空间进行个性化设置。埃文斯解释说："这些游戏优先考虑的是虚拟故事空间中的拟人化，而非对叙事的支配权。获得资本实现这种拟人化的过程就是这些游戏经济策略的核心。"[44] 按照埃文斯的观点，这些游戏需要玩家决定他们到底有多想记录其在等候室内的成就。他们要么"专注"于一个任务，慢慢在游戏中一步步往前，直到实现一个目标，反映出其休息时间的累积价值；要么就干脆花钱走捷径。这些选择需要玩家认真思考等待背后的政治逻辑，同时提供了一个记录其选择的机会。《辛普森一家：深入探索》游戏社区的成员对自己的成就深感自豪，同样让他们自豪的还有那些不用支付溢价就获得的荣誉勋章。他们用这种方式宣布了自己对等待这一行为的支配权，自己主动选择了延迟满足。

等待背后的逻辑不仅限于等候室内的实体空间，还可以扩大到更为广阔的传媒行业的经济战略。正如埃文斯所言，额外支付的费用仅仅是从休闲类游戏中盈利的策略之一。还有一个策略就是宣传，因为休闲类游戏是专为建立品牌忠诚度设计的跨传媒触点，预售、转售、培养受众对跨媒体制作的兴趣，这些时刻都在发生，各种各样的传媒巨头的平台上都在上演这一过程。娱乐公司需要跨媒体制作才能维持价值，因为这些系列为电视网、消费品、电影系列以及许可协议提供辨识度高的、可转手的知识产权。等候室内的碎片时间经济是跨媒体触点的关键，娱乐公司将休闲游戏看作把自己的品牌引入人们日常生活习惯的大好时机。

休闲类游戏由于受众广泛，尤其受娱乐公司追捧。动视暴雪是目前为止最赚钱的视频游戏公司，它以 50 亿美元的价格买下了 King，也就是手游《糖果传奇》的制作公司。这个价格比迪士尼收购卢卡斯影业游戏公司的价钱（40 亿美元）还高，价格标签反映出了市场潜力：King 每个月有将近 5 亿活跃用户。[45] 跟单机游戏不同，休闲类游戏的受众更多元，大龄女性玩家数量更多。[46] 这些游戏能够获得如此广泛的受众群体，是因为它们操作简单，适合一天当中的娱乐需求。确实，游戏设计者经常说，手游抢了肥皂剧的市场。[47] 这两种娱乐体裁有惊人的相似之处，其形式都反映了制作公司的信仰，即它们可以吸引三心二意的或从事非连续性工作的受众，创造了一个在做其他事情的同时（比如在等候室内等着叫号的时候）可以"瞥一眼"的东西。[48] 批评家曾经围绕日间受众真正关注什么展开过辩论，但是游戏的形式反映出，这不过是片面关注。[49]肥皂剧的特点就是重复的阐述、需要集中注意力的音频对话以及多条故事线，这些特点都是为了方便人随时能跳入或跳出剧情。休闲类游戏的玩法也是一样，要求玩家采取的行动往往是重复性的（有时叫作"磨炼"），每个环节都很短，叙述很单薄。这种日常文化毫无挑战性，商业目的露骨直白，而这正是肥皂剧和休闲类游戏的共同特征。

尽管蒙受这样的"污名"，休闲类游戏还是成了电影大片的主题。这些手游广泛的吸引力让其成为提前售罄的知识产权。此外，它们在碎片时间经济中的地位意味着人们可以把这些人物和故事融入自己的日常生活。[50]视频游戏公司跻身成为传媒行业中炙手可热的新兴代表，也就不足为奇了。昔日的游戏制作公司和电影公司管理层把视频游戏看作倒逼娱乐行业的范例，借助游戏培养受众，然后创立电影巨头，而不再采用更加传统的电影院"母舰"和视频游戏"火箭"的模式。[51]2016年，根据《愤怒的小鸟》改编的电影就是体现这种颠覆的范例。制作公司的信心经常源于他们相信手游"与粉丝和玩家的关系更为紧密"。[52]在历史上，视频游戏电影一度票房惨淡，但一般情况下它们都是基于在游戏死忠粉中十分流行的单机人物进行电影制作。[53]把视频游戏（以及类似的棋牌游戏）改编成电影的逻辑是基于这样的信仰：随着时间的推移和循环往复，人们会与人物和故事建立一种联系。作为一项日常的活动，休闲类游戏同时做到了以上两点，既涉及时间，又包含重复。

《辛普森一家：深入探索》的"探索者"

休闲类游戏的设计是为了让人们感到烦躁，并利用这点创收，但它还是为人们创造了掌控个人等待时间的机会。休闲类游戏玩家对自己颇有创意地利用休息时间很自豪。这种自豪表现在游戏玩家社区中的社交互动和对彼此的敬仰上。不是所有的休闲类游戏都会促成线上的社交群，但是那些已形成的社交群提供了在等待时间使用移动设备的明证。亨利·詹金斯认为线上论坛"在自然形成、进行评估以及探讨各种解读的尝试中，让我们能够观察到一个自我定义的、可以不断诠释的社区"。[54] 想要了解手游玩家如何看待碎片时间经济下的品牌营销、空间关系以及社交可能性，可以看看美国艺电公司为《辛普森一家：深入探索》打造的在线论坛。社区的成员，也就是人们所熟知的"探索者"，因为喜欢《辛普森一家：深入探索》，以及决意要建立极其具体的虚拟城市而团结起来，他们之间的互动反映了其从玩一个手游中获得的自豪感和掌控感。

《辛普森一家：深入探索》作为碎片时间经济创造多种可能性的一个例子，是很有意思的，因为它的玩法和故事都源自"辛普森"品牌的讽刺和自我意识。《辛普森一家：深入探索》在推广品牌过程中继续保持了电视节目中自我指涉型的讽刺风格。电视学者乔纳森·格雷（Jonathan Gray）把这种自反式的商业化看作与认识到资本诡计的观众展开的复杂交流。[55]《辛普森一家》历来都是一个离经叛道的节目，通过抨击批评当代文化和阶级商业化吸引受众。它利用互文指涉（intertextual reference）和讽刺来揭露文化产业、政治体制，以及意识体制如何合谋维持现状。格雷解释说："节目巧妙地利用电视形式来进行嘲讽和嘲弄，在广告方面采用戏仿式的抨击，但是正因为这样做，它意识到了广告融入当代文化的复杂性，呼吁受众承认其自身也是同谋。"[56] 格雷表示在节目中有一股很强大的力量，比如《辛普森一家》提供了"批判性互文"（critical intertextuality）或经常在节目中影射政治、传媒和文化，帮助受众借助故事情节来理解日常生活的不调和。[57] 在米哈伊尔·巴赫京（Mikhail Bakhtin）的研究基础上，格雷提出，戏仿和互文让受众能"结合场景，并结合其他传媒内容的场景，从而教会并帮助其掌握认识和理解各类媒体的能力"。[58]《辛普森一家：深入探索》保持了"辛普森"品牌的鉴赏力，把同样的批判性互文带到了移动设备中。玩家因此能够在不同地方感受到《辛普森一家》的戏仿力量。游戏批判现有的体制，而等候室正是这种体制的组成部分，玩家就在这里发现了游戏的幽默和对现代生活的批评两者之间的关联，《辛普森一家：深入探索》包含了同样的反讽式幽默，这种幽默正是这一游戏的成功所在。在使用人物、情景、对话以及探索的过程中，游戏成功地维护了"辛普森"的品牌，因此收获了铁粉。

《辛普森一家：深入探索》在2012年一经发行，就成了一个非常流行的手游。该游戏是iTunes中最赚钱的十大应用之一。它也是美国艺电公司榜单上最赚钱的手游之一，平均每月的玩家上线人数高达1 600多万，发行仅3年就赚了超过1.3亿美元。[59] 相比之下，《辛普森一家》电视剧平均每个月的观众人数只有1 100万。[60] 这两个数字之间的差异再次彰显了一个事实："更多人是通过手游而非电视节目体验'辛普森一家'的,虽然后者才是这一系列的原创媒体。尼克·厄尔(Nick Earl)是美国艺电公司全球传媒和移动演播室的副总裁,在新闻发布会上,他宣布,'辛普森一家'是移动设备的'理想品牌'。"[61] 从厄尔为游戏发表的声明中可以清楚地看出他本人对"理想"的解读,即它自带粉丝基础,可以把游戏融入其"日常"生活中。[62] 美国艺电通过雇用电视节目的编剧和制作人帮忙设计游戏来吸引"辛普森"的粉丝。此举有助于保留品牌"离经叛道式的幽默",同时确保了粉丝"最喜欢的人物"还在。[63] 新闻发布会的措辞不仅是一种推广宣言,它还是对粉丝的承诺,即该游戏值得粉丝关注,尊重粉丝的价值观。融合文化(convergence culture)理论学者亨利·詹金斯和乔舒亚·格林(Joshua Green)认为,在一种数字环境中,娱乐公司一定要把自己的受众看成伙伴。[64] 对那些有大批死忠粉支持,而且粉丝对系列的重要特质意见坚定的跨媒体制作来说,这种伙伴关系至关重要。因为有线上平台和集体行动,粉丝的呼声可以被听见,如果粉丝群认为某种产品平淡无奇,那么可能会对品牌有害。[65]

基于一个跨媒体制作设计一款手游可能会面临粉丝反对的风险,但要比据此制作一款单机游戏的风险低得多。因为单机游戏一旦发布,就很难再应粉丝的要求予以完善。格雷注意到电视节目制作人一直都在试图把其产品服务转化为视频游戏,这在很大程度上受制作周期短、预算不足、想早早结束赶快从容易上当受骗的粉丝身上赚钱这种制作文化的影响。[66] 手游避开了很多这样的问题，因为它更新频繁，因此能根据受众的要求及时调整。埃文斯把这类游戏描述为"神经末端"，因为开发者一直在为玩家创作新的等级和任务。[67] 不同于定义清晰的叙事游戏，比如《辛普森一家：深入探索》就是其宣传策略的一部分，把玩游戏定位成一种持续的品牌关系，是为了推进新的剧情和发起新的尝试而设计的。好的游戏体验可以吸引受众，使之始终对品牌保持忠诚。

该游戏实实在在做到了"批判性互文"，以一个玩笑开场：手游可能会"危害生命"。在介绍任务时，玩家了解到，《辛普森一家》中主角们的家乡斯普林菲尔德被剧中主要人物霍默不小心夷为平地了，因为他当时太沉迷于一个休闲类游戏，没有做好核安全工程师的本职工作。玩家的角色就是神，肩负着重建小镇的使命。这个游戏会定期评价它自己的商业价值、休闲类游戏背后的碎片时间经济，以及由其法人所有者加于其身的战略性交叉推广。比如，在游戏的第二个任务"斯普林菲尔德清洁工第一节"中，霍默说道："打扫，真的假的？这几天游戏带给我的乐子竟然就是让我打扫，简直难以置信。"这个玩笑反映出作者对休闲类游戏形式的怀疑，尤其是对许多游戏过程中典型的"磨炼"做法的怀疑。对休闲类游戏形式和移动设备习惯的批评贯穿整个游戏。在 2016 年选举期间，游戏中又加入了一个新的挑战，叫作"伯恩斯的赌场门事件"，这一挑战设计的叙述设定主要是围绕小气的亿万富翁伯恩斯先生在镇上建赌场的事，为了消除了大家对伯恩斯意图的怀疑，玛吉·辛普森说："富商从来都不会有什么不可告人的任务计划，不然我也不会投票支持唐纳德·特朗普。"霍默立即响应："玛吉，我同意你的意见，那就让我们大家从此都沉迷于玩游戏，让富人来掌控我们的未来吧！"这一段对话让观众想起了在碎片时间经济的背景下，别人就是如此利用他们玩游戏这件事的；它还为涉及真实政治变化的休闲类游戏提供了一个更宽泛的批评视角。手游的讽刺迫使玩家联系当前的政治环境来审视自己玩游戏这件事。

《辛普森一家：深入探索》的批判性互文并没有止步于对休闲类游戏的批评，反而延伸到了对免费增值模式的付款方式上。在任务"盒子，盒子"中，霍默和丽萨·辛普森向玩家引入了免费增值的模式，解释说一个玩家可以用游戏币买甜甜圈，完成任务即可获得游戏币，也可以通过真实的货币交易获得游戏币。这些甜甜圈可以交换类似"神秘盒子"这样的东西，盒子里装着有用的物件。玩家需要用 6 个甜甜圈来买一个神秘盒子，然后奖励他们 30 个甜甜圈。霍默惊呼："哇哦！花 6 个甜甜圈就能得到 30 个？这也太划算了吧！"丽萨回答说："这可能只是新手的运气。"霍默接着说道："是不是运气，只有再买 100 个这种盒子才能看出来！"霍默夸张不已的建议意在强调这种免费增值模式的不平等性。甚至是这个游戏的名字《辛普森一家：深入探索》，也是在暗指游戏努力引诱玩家把所有的钱都花在建设一座虚拟的小镇上。《辛普森一家：深入探索》的品牌、对话以及游戏社区都在强化批判商业化的风格。玩家意识到手游在其日常生活中的角色和从玩家身上赚钱的企图。他们在与试图控制自己的商业体系的对抗中建立了自己的社区观，同时看不起那些不够聪明、无法避免虚荣和盲目消费的玩家。

通过反思移动版的策略类游戏的游戏社区，埃文斯提出，对拒绝走捷径、通过毅力和技能赢得奖励的玩家，大家普遍都很尊重。[68] 社区决心拒缴额外费用这一点在很多方面都很明显。能够管理《辛普森一家：深入探索》要求的等待时间，同时还能达成目标，获得期待的建筑和任务，这对玩家来说是一件值得自豪的事，不然的话，他们没有太多办法避开生活中的等待时间。在美国艺电公司《辛普森一家：深入探索》论坛留言板的链式消息中，有围绕"玩《辛普森一家：深入探索》最奇怪的地点和时间"的对话，反映出探索者已经掌握的等待方式。玩家给出的答案五花八门：卫生间、路上、工作时、洗澡时（把平板装在塑料袋里）、接受化疗时、在教堂、做饭时、上课时、在咖啡馆时、开会时、哺乳时、医院的等候室内、等着外孙女出生时。[69] 论坛的成员都是在休息时间用游戏进程记录个人碎片时间的专家。

探索者不仅以如何、何时等待为荣，而且还从自己对游戏人物的掌控中获取价值。探索者可以选择如何给自己的人物安排时间、给人物安排什么样的任务，以及人物如何完成选定的任务等。游戏让玩家能掌控虚拟空间，在多数等候室内是做不到这一点的。但是休闲类游戏并不严格局限于逃避主义和控制的错觉：免费增值模式增强了玩家的个人经济现实。策略类游戏也不仅仅是围绕其周边政治动态的游戏。游戏学者希拉·切斯（Shira Chess）认为休闲类游戏《向前冲》（Dash）系列主要面向工作场所，反映了手游玩家在其真实生活中工作与休闲的平衡。[70] 这些游戏让玩家能掌控空间。玩家可以决定事物的走向、优先级以及资源的分配，做这些的时候他们可能就坐在某一个地方，比如等候室，此时玩家身处一个不受控的环境中，但这种时候他们恰恰最热衷于质疑资源的分配。

确实，对于斯普林菲尔德地标的安排和布置成了探索者论坛上的主要讨论内容。分论坛"斯普林菲尔德展示"上有 23 000 条信息，讨论的话题超过 1 300 个，每天都会有新的内容。[71] 在这个分论坛中，探索者围绕组建斯普林菲尔德的最好方法展开辩论和讨论。这是六个分论坛中仅有的两个不只是关注游戏策略和技术问题的分论坛。对布局决策的解释各不相同，从个人品位到节目的原则，反映了集体参与和意义生成，这种意义是粉丝在游戏内外应对空间关系的过程中产生的。亨利·詹金斯说道，粉丝讨论是生成意义的重要尝试，发生在线上，影响了社区对一种媒介产品的认识。[72] 一些论坛的成员能基于剧集和辅助材料，遵照粉丝制作的"斯普林菲尔德向导"地图，列出每一栋建筑的位置，再现斯普林菲尔德的准确地形，他们对自己这一能力很自豪。[73] 论坛参与者 Bravewall 根据这张地图精心规划了一座城。[74] 其中一名探索者 Emmcee1 指出了信息来源有待完善，因为《辛普森一家》的编剧会根据叙事情节调整地质，"所以布局其实一直在变"。[75] 原则的问题对粉丝来说一般都是很重要的，但是它并未扼杀创造力。创造性挪用建筑，重新调配以代表其他事物的探索者获得了极大的支持。探索者 MrClutch111 把"闲暇好时光"水疗中心变成一座公馆，而 DaoudX 则利用很多细节制造了一个车祸现场。[76] 如何装饰取决于探索者个人的喜好，但社区一致都很重视规划、努力和细节。这些属性证明了探索者控制空间和资源，以及在游戏中表达自我的能力。

而对其他玩家来说，匆忙开始这个游戏，在游戏中随意设计一座城，好积累资源和建筑，快速通关，这也并不稀奇。玩家经常希望能够达到更多地由自己掌控的阶段。这种希望似乎在2015年的八九月尤其流行，当时一个单轨铁路成为游戏的新增特色。[77] 单轨铁路的出现要求探索者把临时增加的公共运输系统硬塞进已经非常拥挤的小镇。玩家们经常辩论到底应不应该重新开始设计，因为单轨铁路带来了空间难题。当考虑重新设计时，社区成员敦促彼此要先计划各自建筑的位置，有些成员建议建筑应该集中在城镇广场、码头、贫穷地区以及高档住户区等。[78] 这些建筑到位后，有些探索者开始鼓励装饰建筑周边，使之能更加具体，彼此有所区分，有特点。有些建筑被单独挑出来作为理想的区域间过渡建筑。[79]

探索者上传自己的城镇截图到论坛上获得其他玩家的认可和表扬。在这些设计中投入的关注和努力的程度惊人，掌握了游戏工具的探索者会因为自己的创造力和规划能力受到赞扬。在创作斯普林菲尔德的高精度版本时，他们会表达个人对空间的熟练掌控或对《辛普森一家》的深入认识，或是两者兼具。粉丝对论坛的关注、建立的社区以及彼此的合作表明了投入资源设计和城市规划中的思虑之深。该游戏的粉丝还把论坛当作一个开展日常对话的机会。"闲聊区"分论坛是《辛普森一家：深入探索》论坛上第二火的留言区。说明哪怕探索者没有在考虑本镇的规划，他们彼此还是有联系的。

正如电视剧集通过与真实世界的关联而为人所理解，休闲类游戏把这个故事融入了日常生活和休闲时间中的政治逻辑。当玩家在等待过程中遇到人物，他们与故事建立联系的地点其实不同于故事讲述人所想象的场所。等待背后的政治逻辑可以影响受众对文本的解读。刚刚描述的探索者论坛说明许多辛普森的粉丝是在围绕城市规划、空间关系，以及公共领域不断进行对话的过程中体验节目故事线的。比如，在《辛普森一家》"当全世界都在扮酷"（The Day the Earth Stood Cool）一集里，城市绅士化和公共场合哺乳成为本集的主要讨论话题。玩家最早是在公共场合（通常是等候室内）玩儿《辛普森一家：深入探索》时遇到这些问题和人物的。游戏的免费增值模式意味着玩家有机会在公共场合哺乳、城市绅士化以及与其当时实际所处的环境之间建立联系。玩家可能会想假如他就在眼下这个地方，假如他身处类似的境地会作何反应。玩家虽然人在公共场合，但他对故事线的体验可以有持续的影响，几天后当这件事在电视上播出时，他对此事的认识还是会受到当时的即时反应的影响。此外，移动设备还通过社交网络、信息推送服务以及打电话等形式，让玩家讨论游戏中提出的问题，从而提供了一个互动网。如前文所探讨的，在公共场合的等待代表了一个反思日常生活权利动态的机会。在这一环境引入一个跨媒体制作是在鼓励对文本的反思，尤其是当这些游戏通过其免费增值的收入模式强调等待的不平等性时。

《辛普森一家：深入探索》因为其讽刺的历史和对城市规划的关注，无疑是考虑碎片时间经济时可以引用的一个意蕴特别丰富的例子。不是所有的休闲类游戏的互文指涉都这样露骨，毫不掩饰地讽刺努力从移动受众身上赚钱的行为。乔纳森·格雷把电视和电视节目看作"互文的主战场"，原因在于其考虑到其体裁、媒介以及面对的受众等的多样性。[80]超级互文为批判性互文创造了很多机会，鼓励观众在文本外建立关联。传媒理论家 J. 戴维·博尔特（J. David Bolter）和理查德·格鲁辛（Richard Grusin）指出，数字传媒是由其互文性所定义的，因为它们的文本能通过其高度可塑的二进制代码安排以其他媒介形式出现。[81] 诸如《辛普森一家：深入探索》这样一个休闲类游戏包含了电视文本、品牌娱乐、广告信息、牌类游戏以及视频游戏等元素。依照格雷的说法，这种互文让人们有机会由指涉文本联想到环境或用户体验，带着批评的眼光阅读文本。[82] 格雷指出，互文所提供的这种文本形式的开放性提供了一种新的围绕戏仿或其他批评性途径的构序范式。[83] 对《辛普森一家：深入探索》而言，游戏中的这种戏仿的操作形式跟电视节目中的戏仿十分接近，让受众参与评价商业体系。很少有休闲类游戏会包含这一层次的戏仿，但其内在的互文构成了其他的组织逻辑，也同样具有自反性。因此，多数休闲类游戏，因为所玩的地方、它们常用的召集形式，以及和组织其程序修辞的免费增值商业模式，都在鼓励人们反思、联想。

  因为希望维持品牌价值，娱乐公司越来越看重消费者在碎片时间经济中的参与。对等候室而言，这意味着无数休闲类游戏和免费增值的商业模式。即使游戏与电视节目没有任何关联，休闲类游戏还是维持着与等待这种行为的关系，为其受众创造掌控机会。当传媒公司把自己的故事关联至这些游戏时，受众就把这些人物当作工具，处理日常生活中暴露的问题。在《辛普森一家：深入探索》的例子中，游戏的基因坚持这样积极行使权力和资本，同时保持对两者的反思。它提倡带着批评的眼光去探索，让移动设备的受众联想其与商业策略的关系。《辛普森一家：深入探索》是一个极端的例子，就像电视上的《辛普森一家》，因为这种游戏自带的戏仿和讽刺属性，与休闲类游戏中常有的延迟和等待的结构形成了鲜明的对比，正是这种结构鼓励那些花不起钱跳过等待的人通过游戏设置背后的经济学联想到周遭的世界。

等待的价值

在2012年四月的《纽约时报》的一篇文章中，作者萨姆·安德森（Sam Anderson）把手游称为"愚蠢的游戏"，提醒人们提防游戏，因为玩游戏会上瘾，让人甘受其剥削。[84]安德森拿出的证据很有意思，他提到了自己和妻子就曾经沉迷其中，不仅关注游戏，还关注对游戏的行业报道。休闲类游戏被比作是更加"硬核"的单机游戏或电脑桌面游戏，他将这两者上升到了合法的艺术形式的高度。休闲类游戏的流行和司空见惯，以及与之相关的女性品质又重新引发了曾经围绕电视和电影的辩论。电视，因为有广告赞助，被视为一种愚蠢而冷酷的媒介，以至于被戏称为"蠢盒子"和"蠢材显像管"。电视学者认为这些批评是出于对流行文化的怀疑和对大众传媒的恐惧。[85]女性主义传媒学者夏洛特·布伦斯登（Charlotte Brunsdon）和多萝西·霍布森对肥皂剧的研究表明，对电视的很多偏见都源于性别假设和对政治的看法。[86]休闲类游戏开发者把其作品看作"新型肥皂剧"，这在文化层面很流行，对日常生活有严重的负面影响。[87]把电视研究方法应用于这些游戏，反映出它们绝非简单的消遣。

休闲类游戏和肥皂剧两者之间的相似之处不仅限于文化价值，两者都与家务劳动有关。纵观历史，对女性而言，只能在家庭之外的第一班劳动和第二班家务劳动之间挤出一点儿休闲时间。[88]互联网时代对员工的要求日新月异，梅丽莎·格雷格（Melissa Gregg）对此进行了研究，认为员工在情感层面的劳动和人际沟通能力，曾经在很大程度上是女性职业生涯所特有的，如今却已经变成大多数白领职业生涯的通用要求。[89]两性之间的休闲差距在时间似乎越来越少的社会中变成了一种休闲短缺，尽管在家务活和分工合作式的婚姻关系中两性更加平等了，但女性把时间花在自己身上时还是不免会有负罪感。[90]随着男性开始在第二班工作中承担更为积极的角色，他们同时也看到了休闲时间在缩水。在这种经济形势下，人们越来越把等候室中的时间当作一个彰显个人控制权和价值的机会。

移动设备上的休闲类游戏通过给人们一个在休息时间玩一会儿并有所斩获的机会，从而为用户创造了这种控制权和价值。视频游戏的历史表明，游戏对新技术的引入和改进至关重要。[91]因此，休闲类游戏相关的习惯和其与等待的关系成为移动文化的主要特征。本章所呈现的论证和证据解释了休闲类游戏是以一种自我指涉的形式来参与等待的政治的。玩这些游戏并不是表面看起来的心不在焉、逃避现实，正如电视逐渐成为研究大量文化实践中使用的一种复杂媒介，休闲类游戏也应该得到如此礼遇。人们会在日常生活中使用流行文化来应对空间关系和社交网络。休闲类游戏为人们提供了掌控等待时间的工具。对那些能够在休闲类游戏中找到乐趣的人而言，等待的时间把原本充斥着无聊和压力的时刻转变为进行社交、提升竞争力和创造力的机会。

这些把移动设备看作一个展示平台的娱乐公司将因为考虑等待背后的政治而受益。如果等待是一个人反思其在更大的体制机构内对复杂的关系有多大掌控权的时刻，那么它就会是这样的走向：那种能让玩家掌控空间的游戏才是理想的。类似《辛普森一家：深入探索》这样的游戏巧妙地利用人们想在公共场合玩一会儿的现实，满足了受众想要与其他人取得联系的心愿，或适应现有的流行文化的心愿，这种游戏会跟那些能够发现家庭情景剧才最适合客厅受众的电视节目一样成功。同时，这些游戏是有特殊设计的，绝不会让普通玩家完全沉湎于虚构世界。人们最终还是要面对等待的现实，因为游戏本身就是建立在延迟的基础上，通过这样的方式，休闲类游戏成为空间关系的集中体现，为用户面对等待带来的沮丧感提供了更多选择。

第五章

"互联"的客厅：电视也有春天

我女儿跟很多两岁的小孩子一样，非常迷恋迪士尼出品的《冰雪奇缘》(Frozen)。之前有线电视供应商随机赠送了我们家一个声控电视遥控器，用了几个月后，突然有一天，她决定暂时放下手里的画笔，休息一下。只见她摇摇晃晃走到了遥控器前，把遥控器举到跟自己脸一样高的位置，然后低声说出了"冰雪奇缘"。当时电视是关着的，所以没有理睬她的要求。但是，很有意思的一点在于，她在没有父母的干预或指导下，自己摸索出了如何在屏幕上播放想看的电影这一机制。这一时刻恰似三星在2012年推出其7500系列和8000系列智能电视时所呈现的蓝图。在这批电视的广告宣传片"嗨，电视"中，一个蹒跚学步的孩子一点点观察自己的家人如何通过声音和手势指令来控制电视。就像我女儿一样，广告中这个学步儿童学会了如何操纵电视——不需要按按钮，不需要菜单导航，也不需要良好的运动技能。在广告的结尾，孩子说了一句话，可能

是他人生的第一句话："嗨，电视！"¹

次年，三星的智能电视技术进一步发展，人们可以通过自己的智能手机控制电视。在三星的另一则广告（"这不是电视"）中，一个少年用自己的平板来控制电视，让移动端的屏幕与客厅电视的屏幕同步。² 少年的母亲让他现在不要看电视，这个少年是这样回应的：他打开了平板上的 YouTube，说他不是在看电视，而是在看YouTube。再次遭到斥责之后，少年又开始玩儿别的花样，用他的平板播放客厅电视上可以找到的各种线上内容，最终，母亲用自己的手机关掉了电视。

上述的例子表明，移动设备和智能电视技术已经改变了家庭客厅中的社交情况。包括戴维·莫利（David Morley）、罗杰·西尔弗斯通和伊恩·昂（Ian Ang）在内的受众研究学者记录了客厅电视与家庭动态和社会权利的关联。³ 这些学者也认识到客厅中的家庭休闲时间是电视行业的基础。⁴ 移动设备在客厅的出现，加剧了家庭的动态变化和从家庭休闲时间中谋利的趋势。三星的广告关注的是该公司的技术如何影响社会动态，却模糊了这些电视从客厅中盈利的方式。

但是精明的观察者没有忽略这一项新技术的经济含义和对隐私的影响。三星的智能电视推出没多久，就有人对电视能够记录私人谈话、监视客厅活动表达了担忧。⁵2015 年 2 月，每日野兽网的沙恩·哈里斯（Shane Harris）仔细研读了三星的隐私政策，发现其中有一段话是这么说的："请注意，如果你的口语中包含个人信息或其他敏感信息，这一信息也将同其他被收集的数据一起传递给第三方。"⁶ 虽然很多人都对此心存担忧，技术博客 Gigaom 的供稿人戴维·迈耶（David Meyer）却指出，隐私所遭受的损失是我们与智能技术共存必须要付出的代价。⁷ 智能技术，尤其是运用到电视上的，之所以是智能的，就是因为软件能够在互动过程中逐渐"了解"用户。随着时间的推移，智能软件可以根据使用情况来预测用户的喜好。此外，硬件和软件生产商还可以收集消费数据，然后打包卖给传媒公司。民用电子产业并非传媒行业中唯一联通客厅的领域。电视网聘用了社交媒体咨询专家，并为数字营销部门配备人员，聘用数字企业家为客厅开发移动应用程序，社交媒体平台有专门的营销部门利用人们花在客厅的时间来赚钱。移动设备和智能技术用这样的方式扩大了其在客厅中的价值和社交功能，一旦受众把目光从电视上移开，就开始量化其注意力并展开拉锯战。

"互联"的客厅所带动的碎片时间经济，就像碎片时间经济在工作场所、通勤途中以及等候室内一样，专门从碎片时间中谋利，这是传统的传媒行业难以企及的。就目前讨论的话题而言，碎片时间经济的目标就是客厅中电视受众游移不定的目光。电视网和广告公司想借移动设备把人们的注意力和谈话锁定在节目和广告上，一家人原本也正是因此才凑到了客厅。本书展示了客厅中的碎片时间经济固有的策略和假设，重点探究推特，这是人们在注意力方面投入最多的社交媒体平台之一。渴望锁定受众游移不定的注意力促进了面向"互联"的客厅相关产品和服务的开发，让那些想要同步自己的互动技术与节目播出流的观众获得了优先权。但是很多观众并不符合这种情况，相反，他们会用自己的移动设备来应对家庭权利的动态变化，来改变全家人一起看电视的休闲模式。这种转变的证据取自有线电视和卫星电视供应商的讨论区，现有的围绕移动设备融入家庭动态的受众研究进一步验证了这种转变，有一批学者最早观察到了看电视如何等同于一种社交体验，在他们所做的基础研究中，也可以看到这种转变的萌芽。

让注意力数字化

客厅带动的碎片时间经济旨在把电视节目和移动设备与其他互动技术相结合。移动设备和电视屏幕联手能够丰富观众的电视体验，此外，这样安排娱乐活动还有一个显著的经济优势。电视行业主要的收入模式取决于一种假设：家庭受众会关注晚间娱乐节目中插播的广告。统计电视收视率和受众数量的公司向广告公司保证，人们的确是在看电视，的确接收到了讯息。21世纪初，移动设备的流行和"优质电视"的发展重新引发了对受众注意力的探讨。[8] 一方面，移动设备提供了第二块屏幕，鼓励多任务并举甚至可以替代电视。另一方面，始于有线频道，最终在电视界广泛传播的优秀节目开始吸引电影制作人和主创导演为电视创作内容。这些技术和审美上的转变提高了电视的文化地位，但同时让行业的生存能力受到了质疑。[9] 而解决方案，就像娱乐行业中很多人所认为的那样，是要让数字设备节目与流行的电视节目逻辑保持一致。[10] 不要认为移动设备是在瓜分受众的注意力，娱乐行业、广告公司和社交媒体平台合力创造了碎片时间经济，意在让客厅中的受众重新把注意力放到电视节目上。客厅带动的碎片时间经济试图遏制神游和多任务并举，这是在人们看电视时常会出现的两种情况。这类碎片时间经济希望消除客厅中的干扰，重新把看电视定义为一个专注、互动的文化体验。

本书所举的例子揭示出碎片时间经济如何通过把移动设备带入电视节目的"流"——电视节目安排的基本原则中，从日常生活里的碎片时间中谋利。电视节目流的技巧，比如控制叙述过程的跌宕起伏，尽可能少插播广告、调节音量以及缩短前奏音乐等，都是直接把受众的注意力从一个节目、一个广告或插播式广告带入下一个的行之有效的办法。电视流策略不仅是为了防止观众换台，还要让观众一直把注意力放在电视上。在客厅这种复杂的环境下，这可能是一项特别有挑战性的任务。受众研究学者丹·阿松（Dan Hassoun）指出行业长期以来都对家庭受众注意力感到焦虑。阿松提到了"查尔斯·阿伦（Charles Allen）的一项被广为引用的研究，发现很大比重的受众会在电视机前'吃、喝、睡、玩、争论、打架'，而不是目不转睛地盯着电视节目或屏幕上的广告"。[11] 阿松认为移动设备不过是娱乐行业用来与不专注做斗争的一项最新技术罢了。

互联的客厅带动的碎片时间经济由多种技术构成，专门为了让移动设备支持电视节目。无论这些产品是被标榜为"第二屏"、"社交电视"、"互联观赏体验"还是"共同观赏体验"，初衷都是让人们重新把注意力放到电视屏幕上。在之前的研究中，我认为第二屏移动应用通过促进同步观赏体验或增加获得内容的移动途径而巩固了传统的收入模式。[12] 本着这类目的设计的应用程序正是电视学者威尔·布鲁克所谓的"文本溢流"（textual overflow）的移动版本，这是为那些想要把节目体验延伸到数字平台的观众准备的额外内容。[13] IntoNow 是一款打着雅虎品牌的第二屏应用，其首席执行官亚当·卡恩（Adam Cahan）描述了这种技术共同的理论基础："如果你正在看绿湾队的比赛，应用程序会自动弹出类似阿隆·罗杰斯（Aaron Rodgers）等队员的爆炸性新闻。你可以看看有什么与联赛相关的新鲜事，或者深扒某一个队员的最新情况。"[14] 在卡恩看来，这些应用程序可以预测什么样的问题可能会转移观众的注意力。新媒体学者卡琳·范斯（Karin van Es）认为第二屏应用"包装了"电视内容，为其提供了背景和深度，让看电视变为更加丰富、更有计划的一种体验。[15] 李惠锦（Hye Jin Lee）和马克·安德雷维奇（Mark Andrejevic）提出了一种更具批判性的观点——"第二屏理论"，称第二屏应用程序是建立在过去传统的营销的"基础上并有所完善"。[16] 这些观点的共通之处在于承认移动设备的设计是为了通过预测观众的好奇心来支持电视节目。

第二屏的设计功能重在满足观众的好奇心和预测问题，这些功能对广告公司很有吸引力，因为赞助商希望能满足受众的冲动需求。对第二屏移动应用的研究表明其设计功能会随着时间演变，往往优先考虑广告公司青睐的应激性参与体验。[17] 伊丽莎白·埃文斯对第二屏应用所做的其他研究表明了这些应用程序是如何让看电视"游戏化"的，其实就是在叙述的间隙邀请受众来预测节目的结局。[18] 埃文斯鼓励研究者把第二屏的体验想成跨多个屏幕"按层次分散"注意力。当受众在主屏幕上的注意力下降时，就会转向辅助屏幕来填充注意力空隙。因此，传媒公司可以通过互动内容让受众的注意力重新回归主屏幕上。IntoNow 的卡恩提到，用户数据证实了受众的确在跨多个屏幕按层次分散注意力："（移动屏幕上的）用户活跃度在重大的赛事或颁奖典礼期间会增加，这些活动不需要持续关注。但是在播放优秀的剧作期间，移动屏幕的活跃度会大幅下降，紧接着就是节目结束以后活跃度暴增。似乎设备所有者能因为高质量的内容控制住自己不跑神。"[19] 卡恩的发现得到了部分研究的支持，这部分研究表明，人们在客厅的屏幕和移动屏幕之间按层次分散个人注意力时，体裁是一个很重要的因素。[20] 对第二屏使用情况的相关研究和普遍认识揭示了体裁、广告和设计功能之间的关系，让移动设备成为在现场直播期间用于预测好奇心、引发期待的理想伴侣。

现场直播的活动中间会插入很多广告，创造了多种机会让人把注意力从节目中移开。第二屏应用通过在节目中场休息期间抛出问题、公布答案以及介绍冷知识等方式防止观众的注意力衰减。洛拉·奥尔伯格（Lora Oehlberg）等人所做的研究表明，"渐隐""渐现"和其他的屏幕过渡手段等视觉提示是在鼓励人们把视线从电视屏幕上移开。[21] 这一证据表明让观众把注意力从电视屏幕上移开的时刻不仅限于中间插播商业广告的时间。当人们的注意力转移到移动屏幕上时，第二屏应用的设计功能试图利用这段时间盈利。已经有证据表明，电视节目中的会议，如圆桌讨论和采访等都会让人分神。[22] 除了这些导火索，一部电视剧集中故事叙述的声音或情节越来越悬疑也会让观众把注意力转向类似移动设备等地方,当观众因为节目备感压力时,会把移动设备当作一个能"放松"片刻的地方。[23]这些例子表明人们从电视屏幕上转移注意力的原因有很多,第二屏应用为这些观众提供了冷知识和诱惑,让他们对节目保持兴趣,即使是在电视流已经不起作用的情况下。

干扰受众的节目安排让电视台深受其害,这是一个持续了几十年之久的难题,在传媒碎片化时代,这个难题让人更加忧心,而客厅带动的碎片时间经济提供了产品和服务来应对这一难题。电视理论家约翰·埃利斯认为,最好通过"一瞥理论"(glance theory)的理念来认识电视节目,因为家庭受众经常在分心的状态下看电视,家庭生活通常是"多任务并举",中间不时会被打断,这些构成了人们看电视的自然状态。[24]依照这种理论,人们时不时地瞥一眼电视,希望能跟上情节,然后在关键时刻重新集中注意力。这种媒介本身的特质促进了分心和转换注意力的机会。埃利斯认为电视节目是由"形式短小的图片和声音按顺序组合而成的,节目时长似乎一般不超过5分钟。这些片段分成不同的组,要么是简单的累积,就像新闻广播节目和广告,要么就是有某种重复或顺序上的关联,就像是连续剧或系列节目的各个片段"。[25]李和安德雷维奇认为,移动应用程序想依照行业逻辑组织这些片段,通过强化对文本的主流解读来控制被解读的片段。[26]

移动设备让电视网和广告能在另一个屏幕上收获观众,影响他们对一个节目的理解。人们本来就已经在看节目的同时用自己的移动设备来发表看法并与他人一起讨论电视节目。[27]第二屏应用的设计功能更加鼓励这种活动，目的就是预测受众的问题和不明白的地方，把讨论限定在这个框架内。第二屏不仅限定了对话，而且还通过赞助讨论平台，利用这类对话获利。一些传媒决策者在宣传，要奖励那些在行业青睐的应用上讨论节目的受众，以此推动这种盈利策略。丹尼斯·阿达莫维奇（Dennis Adamovic）是特纳广播品牌和数字激活的副总裁，他告诉《广播和有线电视》（Broadcasting and Cable）杂志，"照这个思路发展，（第二屏应用）接下来将允许用户下载优惠券，甚至可以买电影票"。[28] 在这种情景中，观众通过移动设备在电视屏幕和第二屏应用之间切换注意力，其时间也会得到补偿。德博拉·布雷特（Deborah Brett）是维亚康姆集团的移动销售副总裁，他把第二屏上的广告看作电视业务模式的延伸，他说："正在播出的、宣传某品牌的广告现在可以绑定到第二屏了，结果就是让电视广告变成可以点击的。"[29] 这样一来，相比依据当前的收视率统计来锁定目标受众，广告锁定的受众将更为准确。它瞄准的是特别的用户，而不是广泛的人群。2015年9月，经验丰富的移动行业分析师贝内迪克特·埃文斯（Benedict Evans）展示了由Flurry Analytics（互联网数据资讯中心）和美国劳工统计局统计的一个图表，图表显示人们在应用内购买的速度惊人，由此产生的收入比移动设备的收入还多。[30] 当然了，这些针对性的广告和双屏幕的体验创造了一个强大的、可能是极具控制力的商业体系，也就是李和安德雷维奇所称的"数字曝光"，在这个体系内，解读过程是由广告公司和设计这一移动应用的程序员控制的。[31] 尽管有这些担忧，但有一点很重要，要记住电视行业已经在利用我们的休闲时间创收，这些决策者提出的系统让广告公司和受众的关系更直接，提供了某种形式的补偿。

尽管有这些策略，但很多第二屏相关应用还是不能吸引广泛的受众，因此很多企业不得不调整、巩固或转换策略。[32] 部分问题在于市场马上就饱和了，2012年出现了200多个第二屏应用程序。[33] ConnecTV 也是一家主营第二块屏幕业务的公司，该公司的联合创始人伊恩·亚伦（Ian Aaron）还提供了另外一个理论："我们的研究发现，有三分之二的人不想要那些辅助的内容。"[34] 传媒公司可能太急于通过叙述和文本溢流来增加做广告的机会，却忽视了对有些观众而言根本不想要安排得如此紧凑的体验。安德鲁·赛罗（Andrew Seroff）是一位初级软件开发工程师，在接受采访时，他向我们透露了另一个失败的原因，他解释说团队创作移动应用的目标是让公司最终能被好莱坞收购。在这种希望有娱乐公司收购的经济驱动下，他们开发的第二屏的体验自然更适合传媒公司的策略，比如让人们的注意力重新回到主屏幕上，却很少去考虑真正使用其移动设备的人的实际体验。[35] 为电视行业模式创作应用的策略对一些公司是奏效的，比如社交电视公司 Beamly，这家公司受聘为电视网的应用制作软件。其他推广第二屏的公司则转型为大数据公司，或者转而开发更具包容性的生活方式和文化类应用。[36] 许多第二屏应用为广告公司吸引的受众数量无法与主流的社交媒体平台匹敌，比如推特和脸书，但结果却是，这些创业公司并不在乎这些，它们最重要的目标是吸引更大的传媒公司来收购自己。

"全世界最大的客厅"

尽管第二屏应用开发的设计功能是为了把受众的注意力重新吸引到客厅屏幕上，但很多应用都失败了。[37]不过推特却坐拥足够多的用户，可以在更大层面上贯彻碎片时间经济的逻辑。可以毫不夸张地说，推特把自己的"钱途"都押在与电视行业的关系这块宝上了。公司对自己方便了社交化电视体验很自豪，但其实推特与其他电视网或针对具体节目的第二屏应用程序真正的区别在于，推特平台上的对话多种多样。唐伊·伊维特·沃恩（Donghee Yvette Wohn）和E. K. 那（E. K. Na）所做的研究表明，用户之所以更喜欢推特，是因为推特帮他们挑出了那些感兴趣的东西，而不是把他们限制在第二屏设定好的对话体验中。[38]这种偏好也不无道理，因为受众之所以会从电视屏幕上转移注意力，往往是因为让他们感兴趣的是不同的节目或者完全不同的主题。[39]推特作为一个门户网站，内容涵盖全世界形形色色的对话，因此可供选择的娱乐类型多种多样。纵享多屏娱乐的欲望，跟埃文斯的"分层次"屏幕或马库斯·施陶夫（Markus Stauff）所提出的"屏幕堆叠"的描述接近，两者都描述了观众如何在设备之间切换注意力以填充注意力间隙。[40]

推特针对不同的话题提供了各种对话，同时，网站还收获了"探讨电视节目最佳去处"这一美誉。因为与电视节目相关的推文数量非常多，推特自诩是"全世界最大的客厅"。[41]推特通过使用话题标签来区别各类对话，让期待讨论某一电视节目的用户可以发现志同道合的社群。⁴² 因为推特上并没有太多你来我往的问答，就某一节目发表推文成了娱乐行业的第二个竞技场，能以此来判断观众的反应。用户在推特上表达自己的想法，也会读一读其他观众的推文，但是很少有大量的互动。此外，人们更有可能读其他人的推文，而不是读自己的。⁴³ 法国新闻社把推特描述为"新闻记者、活跃分子和名人必备之工具"，但是提出推特"努力表现出自己不只能吸引忠心耿耿的'推特精英'，还在争取发展成为一个主流点击网站"。⁴⁴这一描述表明推特的主要用户是一群推广某一品牌、执行看电视这一行为的人。考虑到移动屏幕是与客厅屏幕"堆叠的"或"分层次的"，在推特或其他社交传媒平台上的深度对话匮乏也就不足为奇了。如果人们在看节目时交谈，他们可能会错过重要的一幕或情节。人们的注意力衰减时就会转向推特：他们在寻求娱乐，等一个商业广告结束之后或到了非常激动人心的时刻就又回归到电视上。

推特带动的碎片时间经济影响了受众对电视观众反应的认识。⁴⁵ 推特体现了受众的反应，这种看法是有问题的，因为根据粗略统计，推特的读者数远超其作者数，其比例接近 50：1。⁴⁶ 尽管积极发推文的人所占的比重较小，但社交媒体平台上的对话却总被认为代表了公众的情绪。想想美国广播公司（ABC）的《单身汉》（*The Bachelor*）是推文最多的电视节目之一，定期评论这一节目的人数大概是 15.6 万人，这一数字相比在看电视时会看推文但是自己不发推文的美国人的数量（预计 350 万人）简直不值一提。⁴⁷ 虽然有这样的落差，但研究员菲利普·庞德（Philip Pond）发现，观众会想象有一群人在跟自己一同看电视。⁴⁸ 广告公司和电视制作公司认为推特反映了类似的现实,把推特看作受众的直接反馈平台。这种"不大对劲"的假设意味着一小部分人拥有超强的能力,决定了对电视节目的讨论及观众的反响。乔斯·范·迪杰克在批评社交传媒平台时提出,一小部分推特社群却产生了特大影响。[49] 她解释说:"推特有两种定位:第一,帮助发现周边,促进用户关联;第二,作为信息网,利用关联性帮助各行业在用户中推广其品牌。这两种定位现在相互冲突。"[50] 范·迪杰克的声明隐含的意思就是,为了追求稳定的商业模式过程,推特必须利用用户,即使这一部分群体所表达的意见仅仅代表实际受众当中的一小撮人。推特大体定义了互联的客厅所带动的碎片时间经济,但它对人们如何打发在沙发上的碎片时间的认识并不全面。

推特 Amplify

推特 Amplify(电视广告定位工具)是客厅碎片时间经济的支柱,体现了利用观众的碎片时间的经济欲望是如何基于一小部分移动用户活动的。[51] 该项目是在 2013 年引入的,当时是作为该社交媒体平台的第二屏广告定位产品。推特 Amplify 的运作流程如下:客户,比如福克斯广播公司,在推特 Amplify 上买时间来推广自己黄金时间档的节目,并从自己的独家视频剪辑中赚取广告收入。节目在福克斯电视网播出期间,推特 Amplify 会发一些视频剪辑、观众调查以及其他互动性内容等相关的宣传推文。除了推广正在播出的节目,剪辑还包括赞助信息,形式为"前贴片"广告,广告公司可以购买节目播出期间和推特 Amplify 活动期间的广告时间，确保无论观众看哪儿，都会看到推广的信息。推特是观众在客厅中最喜欢用的社交传媒平台，推特 Amplify 利用这一点，确保两块屏幕上的受众都会收看电视广告公司的广告和电视节目。

推特 Amplify 是一系列追逐利润的产物，意在安抚紧张的投资者。范·迪杰克注意到，推特在 2010 年和 2011 年的重新设计清楚地表明，"公司从想要成为一个让市民无视政府，随意使用的一个中立的全球性沟通渠道，转变为一个必须遵守目标人群所在国法律的营利性企业的野心"。[52] 这种转变在推特与广告公司联手、收购蓝鳍（BlueFin）这家统计受众的公司等举动中袒露无遗。推特的成功之路将会是通过其与电视的关系，利用社交传媒平台上已有的电视节目相关对话来创收的。[53] 亚当·贝恩（Adam Bain）是推特的全球营收总裁，他把推特 Amplify 描述为一个"跨屏幕连接人群，通过互补的电视视频剪辑挖掘社交对话"的工具。[54] 这种创收策略反映了客厅相关的碎片时间经济的作用原理。它让那些喜欢多任务并举、边看电视边分享内容的移动用户拥有优先权，范·迪杰克把这种形式的社交称为"连接"，与"互联"相对，"连接"意味着公司鼓励从此前难以渗透的社交行为中获益。[55]

因为想要吸引合作伙伴，推特 Amplify 主要在现场直播类的节目中使用碎片时间经济的理念。它的第一个广告伙伴就是 ESPN 和福特，在大学橄榄球赛期间奉上随时可以重播的视频剪辑和广告。[56] 如果观众使用其移动设备在推特上关注 ESPN，就可以发现精彩剪辑，随时重放比赛动作，后面紧跟着就是来自福特的"前贴片"广告信息。[57] 赞助的推文，也就是推特标榜的"双屏赞助"有两种操作方式：第一种，那些在广告时段或注意力间隔期间看自己移动设备的受众会看到广告内容；第二种，这些剪辑诱使那些没有在看广播的人打开 ESPN，找找视频出自哪一场比赛。这也得到了胡迪特·纳吉（Judit Nagy）和安贾莉·迈扎特（Anjali Midha）的研究支持，他们发现，当人们在推特上碰到某一个围绕电视节目的对话时，45% 的情况下他们会切换到对应的节目。[58] 特纳电视网和可口可乐公司也达成了类似的合作伙伴关系，支持 NCAA 的"疯狂三月"这一赛事，也能吸引大批受众。[59] 推特还与喜力达成了一个"六位数的广告交易"，在 UEFA（欧洲足球协会联盟）锦标赛的片花中使用 Amplify。[60] 全世界的广播公司都在竞逐这项服务，希望能在地区赛事的移动传媒上露脸。推特和一家印度的板球运动网达成了一宗交易，报道此事时，媒体大肆吹捧这一伙伴关系能"优化观众体验"，并提供"高质量的体育动作剪辑"。[61] 这一番言论反映了对碎片时间经济的审美和观赏体验假设。这一伙伴关系假定观众会接受其移动设备上的广告讯息，以便欣赏精彩瞬间，"优化"观影体验。每一个这样的假设都充分体现了推特如何理解受众的偏好，顺应其注意力衰减的趋势。

客厅相关的碎片时间经济代表了一种极端的情况，传媒消费者期待使用自己的移动设备同时收看多个节目。克里斯托弗·海涅（Christopher Heine）在报道推特 Amplify 与 ESPN 的关系时把这一点说得十分清楚，他把广告平台看作观众的福音，观众现在"能通过客厅的平面荧幕专注于一场比赛，同时还可以用自己的笔记本、平板电脑或者智能手机了解大量与比赛相关的小道消息"。[62]承诺优化观众体验是平台的主要卖点之一。这种优化不仅吸引了超级粉丝，即那些想要知道体育界发生一切的人，还能帮助业余的体育迷做到多任务并举，发现广播提供的"其他东西"。推特 Amplify 这种"优化"的含义是很清晰的：推特 Amplify 与体育联盟合作，意在培养绝不会只看一场比赛，而是要纵享整个体育赛事的粉丝。推特 Amplify 在传播这样的观点：粉丝永远不应该错过任何爆炸性体育新闻或现场赛事。鼓励人们扩大"粉"的范围与约翰·T.考德威尔描述的受众的劳动问题相互呼应，他把电视节目在互联网上的延伸描述为"粉丝"的"第二班"劳动。[63]如果观众确如营销人员想的那样使用推特，那么观看体育赛事这个任务可就太重了。

推特 Amplify 有 200 多个合作伙伴，遍布全球 20 个国家，包括与单个的体育联盟和主要的广播公司单独的伙伴关系。[64]这一广告平台在体育广播界尤其流行，因为这些体育广播一般都会吸引大批受众，其中不乏极有吸引力的目标人群。我之前写过，体育节目是这种碎片时间经济的理想对象，因为精彩剪辑恰巧契合一天当中的碎片时间。[65]精彩剪辑也是广告公司的福音。比如，喜力和美国职业网球协会通过推特 Amplify 贴出了一个连续对打 54 次的剪辑，被转发了 1 500 次。这一宣传为喜力转化了 1 200 万的曝光数和 2 300 个新"粉丝"。[66]这些数字听起来可能惊人，但真正用好推特 Amplify 的是 NFL。NFL 精彩剪辑中的内嵌广告比附在 Amplify 信息中的广告的平均点击量高 4.5 倍。[67]以前，许可证交易限制了体育联盟在线上的投入；现在，新的权利交易造就了社交媒体融合，为体育联盟和广告公司共同开放了新的创收机会。[68] 就像我在其他著作中曾经提到的，碎片时间经济不仅对体育联盟而言是有利可图的，而且还是类似梦幻体育联盟的辅助收入来源。[69] 人们会使用移动设备来检查其虚拟"战队"的状态，同时看着电视上的现场直播。这一活动展示了碎片时间经济如何扩大了观看体育赛事的行为。

碎片时间经济把同样的受众劳动扩展应用到了观看其他现场直播活动上。在2013年时，维亚康姆借推特Amplify推出了带广告的2013 MTV音乐录影带大奖颁奖典礼精彩瞬间和幕后花絮视频。[70] 百事也是这一活动中的推广伙伴，在颁奖典礼剪辑的开场部分投放的广告为百事收获了9 000位新的推特粉丝。这个例子形象地阐释了安德雷维奇的声明，公司利用数据来评估受众对内容的喜好，然后利用这种喜好培养与某一品牌或个人的情感连接。[71] 推特为广告公司提供了现场活动反响情况的数据，然后广告公司遵照主流情调定制其宣传信息。这种形式的"情感经济学"需要广告公司来收集数据，快速炮制出能引发受众共鸣的切题、简练的反应，推特Amplify的交易中也采用了类似的策略，包括支持2012年大选、喜剧脱口秀、儿童选择奖颁奖典礼、音乐会以及奥斯卡颁奖典礼等。[72]

除了颁奖节目和体育赛事，推特Amplify还跟那些拥有狂热粉丝支持和活跃的推特社群的节目展开合作，比如《鸭子王朝》（*Duck Dynasty*，A&E频道）、《明迪烦事多》（*The Mindy Project*，福克斯）、《欢乐合唱团》（*Glee*，福克斯）、《男与女》（*New Girl*，福克斯)、《神烦警探》(*Brooklyn NineNine*,福克斯)和《美少女的谎言》(*Pretty Little Liars*,ABC家庭频道)。[73] 观众往往会等节目在电视上首播时抢鲜看,这样就不会有剧透,他们可以先自己仔细体会,然后再看看其他人的反应。因为在《美少女的谎言》的剪辑上投放广告,强生公司在推特粉丝中的曝光数净增了470万人。[74] 尽管有些节目通过推特Amplify获得了很好的口碑,但电视制作人始终认为推特Amplify更加适合直播类节目。[75] 而对那些非直播类的节目,为了能与之建立伙伴关系,推特选择另辟蹊径,买下了SnappyTV,这家公司所出品的软件让用户能够快速编辑和分享来自电视的剪辑。[76] 跟推特Amplify一样,这一新功能让观众在看电视上投入更多,但是SnappyTV并没有(像推特Amplify那样)让受众通过监控两块屏幕获得完整的观看体验,而是通过让他们与家人朋友分享剪辑推广节目。

推特Amplify为推特创收主要是利用用户对电视的兴趣,但是推特成功与电视建立关系却是通过与尼尔森受众研究公司联手。20世纪50年代,尼尔森为电视行业设立了参考标杆。艾琳·米汉深入剖析了尼尔森评级体系背后的意义,一针见血地指出它如何把观众变成了广告公司和电视网之间进行交易的"商品"。[77] 推特及其受众标尺在这个竞技场中的出现无疑是对尼尔森权威的挑战。传媒行业学者阿利·科斯特里奇(Allie Kosterich)和菲利普·M.纳波利(Philip M. Napoli)记录了尼尔森如何通过同化推特,共同推出尼尔森推特电视收视率来平息社交媒体衡量标尺带来的挑战风波。[78] 与推特联手不仅把尼尔森的品牌延伸到了社交传媒，而且为线性观赏体验制定了衡量标尺。⁷⁹ 对线性电视①的强调印证了尼尔森现有的电视评级收视率，同时也让社交对话的衡量标尺，或者说是广告公司所谓的"赢得的媒体曝光"，成了尼尔森能够出售给广告公司和电视网的新产品。⁸⁰

为了更好地阐释尼尔森最新的供货范围，不妨考虑以下这些排名，这是基于 2014—2015 年的电视季期间收集的数据。NBC 的《周日橄榄球之夜》是评分最高的节目（平均观众人数达 2 080 万），而 CBS 的《生活大爆炸》(*The Big Bang Theory*) 是评分最高的情景喜剧（平均观众人数达 1 900 万）。⁸¹ 在社交媒体上得分最高，与之相关的推文数量最多的节目当属 NBC 的第 49 届"超级碗"，有 1 610 万条推文。推文最多的情景剧系列是福克斯的《嘻哈帝国》(*Empire*)，有 590 万条推文。⁸² 在年度前十名中，在社交媒体上得分最高的节目包括《行尸走肉》(*The Walking Dead*，平均每集有 48 万条推文)、《单身汉》(平均每集有 15.6 万条推文)、《权力的游戏》(*Game of Thrones*，平均每集有 10.7 万条推文)、《美国恐怖故事》(*American Horror Story*，平均每集有 23.9 万条推文)、《畸形秀》(*Freak Show*，平均每集有 23.9 万条推文)，以及《嘻哈帝国》(平均每集有 62.7 万条推文)。⁸³ 得分最高的电视节目是传统的"后仰"类电视连续剧，例如，使用三维摄像机系统拍摄的情景喜剧《生活大爆炸》(1 900 万观众) 和罪案类的《海军罪案调查处》(*NCIS*) 和《海军罪案调查处：新奥尔良篇》(*NCIS: New Orleans*，1 740 万名观众)。⁸⁴

---

① 线性电视指按档期播出的电视节目。——译者注

一般而言，传统的以受众数量为衡量标准和社交媒体得分之间的不同在于受众是否愿意在推特上展示自己热爱什么。尼尔森推特电视收视率考虑到了长期以来被忽视的一群人：想要与他人分享自己想法的狂热观众。推特的全球品牌和代理战略总监让－菲利普·马厄（Jean-Philippe Maheu）称那些发推文宣布自己在看什么的人是另类观众："发推文的人没有去厨房，也没有去卫生间——他们就待在房间里。"[85] 虽然被纳入这一类的观众扩大了收视率统计公司考虑的观赏体验类型，但优先考虑的还是那些实时看节目的人，恶补型的观众和时差党等在节目首播一周之后才看到的人，还是被排除在这个新系统之外。研究人员向我们揭示出，推特上围绕点播节目或者播出很久的节目的对话非常活跃。[86] 更让人震惊的是传统的尼尔森收视率和社交媒体的衡量标尺都在强化性别惯例：男人更有可能会在看体育节目的同时瞄一眼推特，而女人更有可能在看戏剧节目或真人秀节目时看看推特在说什么。[87] 如果不是只统计首播时的数据，而是同样会考虑很长时间以后围绕节目的对话和参与情况，这些标准会有什么变化还不清楚。推特表示，在日间节目播出间隙围绕电视节目的新增推文数量接近 8 000 条，但是公司并没有从这些推文中受益，因为尚无利用这些追踪活动的数据的现成营收模式。[88] 尼尔森认识到这些对话"可以为电视网、代理以及广告公司打开全新的大门"，让其用全新的方式来思考看电视这回事，但是时至今日，公司还是没有搞清楚如何从这些推文中创收。[89]

推特把宝押在了线性电视上，开始竞逐现场直播赛事的流媒体播放权。它战胜了亚马逊和威瑞森等竞争对手，赢得了 NFL 赛事的流媒体转播权。⁹⁰ 这是推特第一次用流媒体形式进行体育赛事直播，但是这个交易随后就催生了很多从碎片时间经济中盈利的计划，推特的第一笔流视频交易是跟BBC（英国广播公司）进行的。2013年10月，该公司与BBC达成协议，打造一个流媒体视频新闻报道，关注时下流行的社交媒体故事。⁹¹ 一个月后，推特与SeeIt缔结伙伴关系，这一合作让康卡斯特（Comcast）的订阅者可以通过宣传推文中的链接获得部分电视节目的观看许可。⁹² 接下来，推特通过整合专为名人打造的推特Mirror（一款专门用于颁奖礼等活动的自拍应用）和全球视频应用Periscope的视频服务来测试直播流媒体的效果。⁹³ 在测试其视频能力的同时，公司还借旗下推特Amplify的协议之便与体育联盟建立联系。随着各种关系的建立和技术的日臻成熟，推特决定再往前一步，开始直播赛事，利用与日俱增的广告机会创收。这一理想遭到了怀疑。《综艺》（Variety）的专栏作者托德·斯潘格勒（Todd Spangler）解释说："推特是一个分享文字、照片或视频等零星东西的地方，它从来不是看长视频的首选，而且转播NFL比赛与整个用户体验格格不入。"⁹⁴ 跟NFL的交易和与SeeIt的不同，前者无须有线订阅用户认证，在全世界都可以看到。对推特和NFL来说，本次合作的意义之一在于这是一种面向全球受众、吸引更多广告资金的方式。推特的CEO杰克·多尔西（Jack Dorsey）解释说："人们现在开始用推特来观看NFL比赛，他们将能够在每周四晚上在推特上看直播了。"⁹⁵ 之所以会拥抱流媒体内容，是因为投资者开始担心推特会停滞不前。风险投资公司Flight Venture Capital的洛乌·克纳（Lou Kerner）相信推特需要在设计和功能上做出重大变革,好"重新激励人们参与"。[96]多尔西认为,流媒体视频也许有助于解决停滞问题,从一开始推特选择借电视来创收,如今这步棋可谓顺理成章。

  推特在探寻可靠的收入流的过程中影响了与客厅相关的碎片时间经济,发现用户活动会随着电视广播和体育直播暴涨,推特马上就开始投入技术研发,培养与电视商业模式互补的行为。为了给广告拉拢观众,推特推出了自己的 Amplify 产品,哪怕观众本意是想借推特来逃避客厅电视屏幕上的广告。为了成为电视行业具有前瞻视野的市场领军者,推特与尼尔森联合推出了尼尔森推特电视收视率,通过整合在直播期间推特上出现的相关讨论,重申线性节目安排的重要性。推特与 NFL 的流媒体合作真正将移动设备变为一台电视,缩小了虚拟客厅和实体客厅之间的差异。推特的每一步都在推动利用人们逃避客厅电视的时间创收。说得更激进一些,推特的决定为李和安德雷维奇所担心的数字曝光创造了条件。[97]好在,对那些同样担心碎片时间经济的人来说,利用受众行为的生财之道鲜有像公司董事大会上所呈现的那般顺利的。

客厅控制技术

  碎片时间经济的营销策略、产品设计,以及内容并不能决定人们在客厅时真正会用移动设备干什么。碎片时间经济的相关产品和服务也并不能涵盖所有现有做法、受众研究和情境分析。本章接下来将通过回顾受众调查研究来确定移动设备在客厅中的使用情况,这些研究主要关注看电视背后的空间关系和家庭关系。这一基础性受众研究为理解移动应用程序如何适应既定的空间关系提供了具体的情境。尤其是，诸如为受众创造"平台移动性"或让他们能随时随地用移动设备看电视的这类移动应用，经常会被标榜为处理一家人看电视这一复杂情况的神器。[98]在提供此类应用的公司论坛上常常能找到用户使用这些移动应用的证明。结合受众研究和这种特殊的用户习惯记录，我们大致可以了解到，移动设备让人能以更灵活的方式应对客厅的空间关系和家庭关系。如此利用移动设备使用户具备了独特的能力，这种能力正是碎片时间经济所青睐的，也是推特 Amplify 和其他第二屏应用经常抵制的。

在《点播文化》(*On-Demand Culture*)一书中，电视和传媒行业学者查克·特赖恩深入分析了有线电视、卫星电视和新媒体公司的宣传材料，这些材料都在宣传"平台移动性"。以琳恩·斯皮格尔为榜样，特赖恩开始在这些广告中寻找平台移动性，希望了解这些新技术如何融入互联之家并"解决家庭冲突"。[99]特赖恩引用了威瑞森一则名为"闪亮的星"的广告，广告中家庭成员一边装饰圣诞树，一边忙着玩儿移动设备，丝毫"看不到任何电视引发的冲突"。[100]特赖恩——列举了前人对这类观众的诸多批评，查尔斯·阿克兰（Charles Acland）提出的看电视变得越发随意，马克·安德雷维奇对"受监视的移动性"的看法，以及丹·席勒（Dan Schiller）所谓的"用户不过是在用一个屏幕交换'一台文化产品自动贩卖机'"。[101]最终，特赖恩义正词严地指出这些移动平台的广告彰显了个人和个性化。[102]特赖恩如此描述这些宣传论调：这些产品是维持家庭团结的关键，因为终结了遥控之争。在这点上，特赖恩做得很好。他选择了UltraViolet软件的一则宣传广告，这个例子尤为直接，因为这则广告直接承诺"爸爸想看足球赛，孩子却想看动画片，再也不会有围绕电视的纷争"。[103]

特赖恩的意识形态批评无可挑剔，但是描述家庭成员内部纷争的宣传材料准确地反映出许多家庭的客厅动态。戴维·莫利对看电视的开创性研究发现，看什么这个选择的背后是"复杂的人际"活动，是由"家庭成员彼此间的关系、当时的情境、家里有几台电视以及基于规则的沟通惯例"共同决定的。[104]莫利总结说，根据他对电视受众所开展的极为广泛的人种学研究，"必须结合具体的社交场合和空间背景才能真正理解看电视这一行为，因为不能把'看电视'看作单一维度的活动，认为无论是谁看，含义或意义毫无分别"。[105]电视受众研究大多认可电视大多数时候只是与所爱的人分享同一实体空间的一个借口。[106]在这种情况下，相比大家凑在一起你一言我一语各自发表意见，电视内容反而是次要的。

想想这些年的电视受众研究，平台移动化似乎让人们有了更多管理家庭关系分享客厅空间的方法。这些应用让地位较低的家庭成员有了更多与所爱之人分享空间的选择，而且应用公司在推销自己的产品时也是秉承同样的初心。在推动平台移动化的应用出现之前，家庭成员在一起"观看"遥控执掌者为当晚选择的节目的同时，曾用过各种各样的方法转移视线。移动设备让那些曾经被遥控执掌者剥夺了电视节目选择权的人有了选择，让无权的家庭成员也能有办法，一边看想看的节目，一边陪着所爱之人。

在 Dish Network（卫星广播服务提供商）的一则名为"谁穿上了裤子？"的广告中，一家人争抢一条男士卡其布裤子，谁能穿上这条裤子，谁就可以获得电视的掌控权。[107] 广告的画外音是，有了 Dish Network 的 DVR，谁都可以刻录自己最喜欢的节目，在家里任何一台设备或电视上放映，相当于谁都可以拥有电视的掌控权。数字技术带来的这种平等正是莫利研究中的观众所渴望的。确实，哪怕有人觉得移动设备隔绝了客厅中的社交，对此心有不满，他仍能认识到这种现象是空间关系扩大的表现。比如，谢里尔·威尔逊（Sherryl Wilson）曾对客厅中移动设备的使用情况开展研究，发现了母女之间这种有趣的交流："苏（母亲）'觉得自己好像是一个人在看电视，尤其是当鲁比（女儿）在玩脸书时；她希望鲁比能一心一意'，但马上她又觉得自己提出这样的要求很'虚伪'，因为她（苏）自己也会一边看电视，一边读报纸。"[108] 这一例子改变了莫利的观点，一家人看电视，参与形式多种多样。威尔逊发现"多数受访者反映，他们把社交媒体看作电视的附属品，当他们没有完全沉浸在电视节目中、习惯了跟朋友或不在场的家庭成员'聊天'时就会转向这些附属品"。[109] 总体而言，威尔逊的研究表明移动设备"让人能在客厅中陪伴家人的同时，不必非要看第一屏的节目"。[110] 人们在客厅很少会有和谐、投入的时候，碎片时间经济在客厅才是最有生命力的，移动设备只不过是应对客厅中的社交——空间关系的最新方式罢了。

浏览过主要的有线电视和卫星电视供应商的客户支持论坛上的评论，不难看出移动设备在家庭关系中所发挥的作用。为了探索这些家庭关系在更大层面呈现的状态，我访问了康卡斯特、时代华纳有线电视、美国直播电视集团、威瑞森光纤和苹果电视等的论坛，搜索其中关于家庭生活的讨论。这些讨论反映出，客厅中仍然存在性别差异，但是移动应用正在为这些问题提供解决之道，与此同时，还保留了共享客厅的精神。

应对父权制

莫利在电视受众研究方面最重要的发现之一就是性别和权力如何影响客厅电视的播放内容。确实，电视学者威廉姆·乌里基奥（William Uricchio）认识到遥控的引入是一个关键节点，一家人在一起看电视的共同行为由此开始关乎遥控执掌者（往往是家中年纪最大的男性）的个人利益。[111]莫利引用了与经济地位相关的例子，比如一个观众提出，人们普遍认为养家者为自己赢得了休闲时间，因此他能够获得电视的掌控权。[112]这种权力结构影响了所选节目的类型，因为在莫利的研究中男性更喜欢需要全神贯注的内容，而女性则更喜欢让她们能同时开展多项任务的节目。一位受访者解释说，她喜欢边看电视边织东西，不然她会觉得自己把所有时间都浪费在看电视上了。[113]莫利提出，看什么节目，女性一般是没有发言权的，我们的文化期待就是，女性应该多做家务，把时间全花在休闲上会让其有负罪感。[114]尽管近年来家庭的权力结构有了很大调整，但家务分工在两性之间仍旧是不平衡的，女性仍然要承担更多的家务。[115]这种不平衡导致了莫利记录的那种情形，一家之主为其他人选择要看的电视内容。

有线电视和卫星电视供应商出品的移动应用，虽然没有消除这种权力关系，但确实让家中无权控制电视的人也有了选择权。比如，在客户服务论坛上，有人评论说，当客厅的电视还是被另外一名家庭成员霸占时，自己就会用移动设备看喜欢的电视节目。网友Belfast5348是这样说的："作为妻子，我本人是个橄榄球迷，当我丈夫在看电视时，我就会在网上看球赛。"[116]DoConnor6408说，当伴侣在电视上看别的东西时，自己会用移动设备来看本地新闻。[117]很多人，包括Carols46和TheJessle都反映，她们会用移动设备看节目，丈夫玩视频游戏，两人互不干扰。[118]一些人也许会在另一个房间中使用这些设备看节目，比如RH2514。[119]虽然这些评论普遍表明女性往往借助应用程序来看自己喜欢的电视节目，但还有一些例外，有些男性会把客厅电视掌控权让给其他家庭成员，而自己却用移动设备来看体育比赛。比如TheDaveMitchell写道："我的妻子和孩子霸占着电视，而我只想看纽约巨人队（Giants）的比赛。"[120]对有些用户来说，投靠第二屏的决定根本上取决于家庭的经济状况，就像RayGoQuestions，他说，"有时候我妻子在看一个节目，而我想看别的……以我们目前的家境来看，有购买第二屏的经济能力，所以非买不可"。[121]

虽然应用的批评者可能会把这些评论理解为追求个人主义导致社会隔离的证据，但还有另一种解读，把应用程序看作让那些传统意义上无权控制电视的人也能有选择权。网友QuessP和Majesty1919的评论反映出，在拥有属于自己的闲暇时间之后，人就能掌握主动权。QuessP说："我想给电视移动应用提一个建议，如果它能让我按照用户来归类我自己的观看记录就好了，有点儿像网飞的做法。当我登录网飞时，我会选择自己的用户名，然后就可以看到我最近在看的节目，基于我的观看历史给出建议，我才不想浏览我女儿的迪士尼儿童节目和我丈夫的戏剧节目。"[122] 除了这些评论，Majesty1919希望能保护她自己看的节目，因为女儿总想删了这些节目，而bob则希望他和妻子"各有"一个DVR。[123] 希望有越来越个性化、定制化的设计，这些要求让很多新媒体的评论家大为担忧，但个人能更多地决定喜好的节目，也让家庭成员对自己的闲暇时间有一种掌控感，相较于过去的客厅关系，这可谓是一种进步。

孩子的屏幕时间

移动设备也让父母能掌控孩子的观赏习惯、心情和行为。大家一直都在热烈讨论"屏幕时间"对孩子的影响。无论儿科专家和儿童心理学家推荐什么，移动设备总是被当作教养工具，因为作为平台，它包含了适龄的交互应用和儿童电视节目，总在鼓励参与、促进学习。[124] 父母有时会依赖移动应用来帮助管理孩子的行为，无论是把设备当作奖励、抚慰，还是作为防止孩子抱怨无聊的工具。父母急切地想要在这些移动设备上找到适合孩子的内容，就像网名cnunes6636的网友所言："嗨，我经常把手机和平板给女儿，让她在上面看电视，我注意到Xfinity go（电视直播应用）上竟然没有nicktoon（动画频道），我希望能在这个应用上看到nicktoon，因为我女儿要求很多次了！你们连尼克国际儿童频道都有，怎么会没有 nicktoon 呢！"[125] 父母希望找到孩子们喜欢的内容来管理他们的行为。这些设备在压力时刻尤其有用。网名是 Tiffany_Ivanov 的网友描述了在军事调遣时她的视频类移动应用程序有多么重要："只有军队确定了报到时间之后，我的日用品才会到位，要防止一个任性的两岁小孩不要乱发脾气，在接下来几周里不要因为找不到自己最喜欢的玩具、毯子、杯子等乱喊乱叫。我严重怀疑，我还能不能抽出片刻时间坐在另一台电脑前，再花上五六分钟来跟专家'聊聊'。你们能否帮我把问题解决了，或者干脆让我去买那些电影的蓝光版好了，我真的不能没有这些电影啊！"[126] 移动设备让我们获得了平台移动性，这对做父母的而言很有用，尤其是在过渡时期（比如在搬家或度假时）以及养育孩子的日常活动中。亚历山德拉·塞缪尔（Alexandra Samuel）曾提出屏幕时间是一个女性主义的问题，她表示移动设备对教养孩子而言是极其重要的工具，对于那些想稍事休息的母亲来说实在是再重要不过的教养工具了。[127] 就像客厅屏幕之争一样，家中移动设备的使用也跟性别有关，跟能否抽出一部分时间重振精神有关。

遥控

"互联"的客厅带动的碎片时间经济除了在忙碌的工作日中为我们腾出了个人和屏幕时间，还为不同空间甚至是不同地区的家庭成员营造了一种犹如同处一室的感觉。有些家庭会分享流媒体服务的密码，这样就可以为所有家庭成员提供相似的电视节目选择，哪怕这些家庭成员并不生活在同一屋檐下。这种做法的确是有记载的，而且媒体公司能够接受。[128]尽管分享密码的决定有一部分原因是出于经济考虑，但它也创造了一个机会，让家庭成员能够围绕一同看过的节目展开对话。莫利对家庭观赏体验的研究也支持这一观点，他把电视描述为"展开谈话的共同体验基础，在这种情况下，电视是很有用的，而不再只是娱乐。它还可以是谈话的焦点，是与他人进行社交的途径"。[129]让孩子也能使用移动应用的父母可能同时也帮助促进了家庭内部的沟通。从 Bella1213 在 Xfinity 论坛上的评论中，这种动机可见一斑，她在上面写道："我儿子和女儿都在上大学，不在家，但我希望他们俩也能在自己的电脑上看 Showtime 和 HBO，这两个电视网我们都订阅了，但我该怎么设置才能把他们俩添加进来呢？"[130]特赖恩在分析 UltraViolet 的认证软件时十分贴切地指出，正是要维护亲密家庭关系这套说辞导致了数字版权管理限制的出现，但是这些限制并不能否认家庭的确渴望分享账号，促进内部团结和对话。[131]

综观上述各例，移动设备和应用一直被当作在特定空间情境中调和家庭关系的工具，在许多家庭，平台移动性让人们能获得并掌控从前看不了的电视内容。从论坛的用户评论中可以看出这些应用在处理两性权力问题、管理孩子的行为、实现跨时空对话方面作用显著。马库斯·施陶夫在马赛厄斯·铁列（Matthias Tielle）的研究基础上提出，"电视人物"能够连接社群和家庭，连接亲密的家人和朋友，甚至能连接陌生人"。[132]移动设备和流媒体应用使得客厅沙发的活动更加个性化，更加丰富多彩。移动设备的效用可以从其所培养的肢体动作中看出一二。依照施陶夫所言，在客厅使用移动设备"结合了看电视、沟通、看、摸，后仰和前倾"。[133]每一次点击移动设备都是向家庭其他人传达一种关系。移动应用融入客厅，让家庭成员的使用策略和习惯比20世纪50年代电视刚出现时更丰富。只有通过移动设备用户本人所发表的言论，我们才能看出这一技术与家庭空间关系和碎片时间经济有何关联。从有线电视和卫星电视公司的讨论区可以看出，很明显，移动设备赋予了我们全新的能力，让我们可以与家人互动，可以多任务并举。

移动设备 vs 智能电视

客厅相关的碎片时间经济对通过移动设备和通过其他交互技术体验的人来说，是截然不同的。比如，智能电视承诺通过数字技术来优化客厅体验，捕捉受众游移不定的注意力，但智能电视和移动设备吸引受众的"点"却截然不同。这些智能技术不同于移动设备应用，它们很可能会再现莫利所观察到的传统的电视观赏体验所特有的两性关系、父权制等。詹姆斯·本内特（James Bennett）研究了互动式卫星频道SkyActive、SkyGamestar和SkyVegas，并发现前数字电视时代的性别假设的后续影响大到惊人。[134]同样，丹尼尔·张伯伦（Daniel Chamberlain）相信智能电视的界面模糊了技术的差异，将交互电视体验合为一个"平淡无味的合用空间"，其中包括大型传媒巨头的节目、观赏节奏以及数据采集交换等。[135]智能电视界面提供了"心愿清单、队列、播放清单和最高评分"等形式的个性化,以此来交换数据,帮助内容公司用全新的方式研究客厅,这是以前的受众研究无法企及的。[136]智能技术旨在让遥控执掌者对客厅中的观赏体验有更大的支配权,并决定了家庭对市场的价值。

比如,考虑一下,康卡斯特的X1平台(Comcast X1 box),可以让用户在看节目的同时查看某演员的生平。通过这一平台,控制电视的人可以分屏,一边看节目,一边查看比赛得分。这些新增功能是为了让观众不再依赖移动设备,让观众专注地盯着客厅电视。康卡斯特的广告声称这些服务是"更加智能、丰富和个性化的"。[137]无论谁拿着遥控,这种个性化都对之有利,却牺牲了客厅中其他家庭成员的利益,他们只能屈从,任由他人控制屏幕,执行所谓的多重任务。这个人的心血来潮决定了展示的文本信息,也决定了观赏体验。卡伦·厄尔·韦雷德(Karen Orr Vered)认为电视屏幕上的交互元素进一步融合意味着观众跟节目阵容、广告、插播以及其他的文本内容一样,成了生成意义的"超级文本"。[138]但实际上,智能电视界面是将遥控执掌者的意义生成过程融入了观赏体验。在智能电视上看节目就像在透视遥控执掌者的思想一般。

尽管移动设备被看作一项让观赏体验个人化、个性化的技术,从刚刚呈现的证据来看,很显然,它们提供了分享共同空间的机会,让人可以自行决定观看内容。而与之相对的,智能电视利用第二屏应用吸引注意的技巧,以及干脆将应用装在客厅电视上的行为,其实是在强化遥控执掌者的个人品位。虽然移动设备和智能电视技术都打断了看电视这种共享体验,但智能电视技术强化的是遥控执掌者的解读体验。从这个层面看,智能电视界面把看电视变为了混合的媒体体验,让看电视的共享本质复杂化了。

智能电视主要关注单个观众的体验,而移动设备则恰恰相反,它赋予的工具意在削弱执掌遥控者对节目的控制权。比如,因为密码相同,远方的家庭成员一样能在移动设备上看电视,也让他们能控制客厅的电视。有些用户会利用这种便利来帮助不那么懂技术的朋友和家庭成员。有线电视和卫星电视公司的论坛上有很多用户评论,用户 Wildrisc 表达了自己希望为岳父岳母遥控"设置"棒球和公共电视网(PBS)节目录像的愿望。[139] 移动设备也让淘气的家庭成员能逗一逗自己所爱之人,比如 Ckpeck,她很喜欢"把丈夫的电视切换到《天线宝宝》(*Teletubbies*)这种神奇技能"。[140] JPL 也同样乐在其中,他解释说:"你可以用移动应用来给孩子们捣乱。他们看电视时,我就在另一个房间偷偷开始换台,等着他们喊'爸爸!电视坏啦!'我得拼命忍住不笑。"[141] 这些鬼把戏,虽然不是移动应用的主要用途,却展示了联网技术如何从外界控制客厅。人们可以设置自己的 DVR、换频道、与在线社群讨论最喜欢的节目,或者通过移动设备看缓存的内容。他们可以有效地掌控客厅,甚至其他人的客厅,无论他们身在何方。虽然这可能会导致个人主义,就像特赖恩所说的,但它同时也提供了应对空间关系的策略,这正是本书通篇要揭示的道理。

与客厅相关的碎片时间经济主要是利用电视未能抓住的碎片时间来获利,推特则是利用人们花在看电视直播和积极评论节目的时间创收，以此发展了自己的业务。客厅中的移动设备在鼓励第二屏体验的同时，其技术也赋予了人们处理家庭关系的新办法。移动设备和流媒体视频应用让被边缘化的家庭成员能够对自己的休闲时间有更多掌控，又不影响其在客厅的共享空间中与其他成员共存。尽管移动设备中融入了支持传统观赏体验的策略，但它们所创造的参与形式，却可以改善现有的做法，带来主流的受众体验，这是昔日的电视制作人和消费产品设计者所忽略的。

结论

普适计算和物联网时代下的
碎片时间经济

在整个碎片时间经济影响下，传媒公司的内容和服务主要面向由碎片时间组成的移动时段。对移动设备使用情况的假设为试图利用受众人群的习惯这一宝贵数据盈利的公司提供了参考依据。试图抓住这部分人群的初衷影响了所有为移动设备而生的产品和服务。本书通篇举出的形形色色的例子揭示出，碎片时间经济试图培养和利用的到底是哪些习惯。在工作场所，碎片时间经济为努力工作的格子间上班族提供了"传媒零食"，这些职场人希望通过最喜欢的跨媒体制作，了解即将到来的比赛、更新的剧集或上映的电影。在通勤路上，订阅服务帮助移动用户制造了一个"传媒泡沫"，让人们能在上下班途中短暂地放松。在等候室，休闲类游戏尝试利用人们的烦躁，他们会不时查看自己的移动设备，希望从中获得价值，借此记录自己在休息时间取得的成就。在客厅，第二屏应用程序和推特 Amplify 尝试预测电视观众的需求，把移动设备当作看电视时不可或缺的良伴。以上种种例子表明，宣传流、订阅服务、微支付以及广告等经济模式是移动时段的主要特色。尽管碎片时间经济未能涵盖所有的移动设备的习惯、服务或设计功能，其背后的逻辑却极具渗透性，因此才让传媒公司得以理解具体场域的移动设备使用情况并借以创收。

碎片时间经济的发展之路，尤其是优先考虑的受众和习惯，不仅关乎移动传媒的发展，而且关乎未来该如何努力让数字技术融入日常生活。在本书的最后，我认为，碎片时间经济发展之路可以用于普适计算和物联网时代。在这些技术即将带来高效的数字化、提高日常生活的效率时，务必要记住碎片时间经济这种具有决定意义的思维方式，它才最有可能让我们知道未来场域具体的传媒技术的设计应该是怎样的。碎片时间经济在物联网技术中的应用不同于在移动设备中的应用。物联网的主要特征是自动、互联的数字系统，在这个系统下，技术可以预知人们的需求。移动设备带动的碎片时间经济展示了用户数据和行业做法如何影响了对人类需求的认识。随着碎片时间经济广泛应用于物联网，具体的背景会受到培养特定行为和特定媒介用途的算法影响。看看物联网这些早期的例子，很明显碎片时间经济的逻辑已经渗透到家用电器、定位传媒以及"增强现实"中。每一种这样的技术都会假定人们在特定背景下将如何打发自己的碎片时间。本书的例子表明，碎片时间经济暗含的假设经常忽视与移动设备提供的娱乐体验不一致的这部分消费者或活动。下个时代的公共计算的设计者如能更全面考虑公共空间的文化和社交维度，必将从中受益。

物联网

物联网将进一步扩展碎片时间经济的思维方式，让数字技术覆盖公共场合的每个角落。这一决定了工作场所、通勤路上、等候室内以及客厅中的数字传媒使用情况的思维方式很快就会用到其他背景中，因为物联网许诺（威胁）：未来，我们每一步、每一个对象都将被记录，用来预测人的渴望和行动。这一技术将持续暴露所有人的位置和所在情境，无缝融入人类的行为中，打造"情境智能"。[1] 碎片时间经济在用户的闲暇时间中占据了半壁江山，物联网的说辞则承诺会让人拥有更多能力，提高安全性，让生产力最大化。虽然这些承诺听起来高大上，但罗布·基钦（Rob Kicthin）和马丁·道奇（Martin Dodge）却提出这种未来是停滞的，因为"目前的资源整合在本质上是高度片面、不均衡的，在分配、密度、穿透度、精细程度以及形式上都是不平等的"。[2] 融合这些数字技术是一项令人望而生畏的艰巨任务，个别公司实现的可能性更大，比如整合了三星或谷歌所有产品的某个数字生态系统。虽然这一说法暗示，在未来，所有的数字技术将无缝融合，暴露人在公共场合的体验，但更大的可能是，物联网的体验和互联网的体验存在天壤之别。[3]

整合各种联网技术可以让这些公司拥有比目前更大的数据集。但更多的数据可能也意味着更加复杂，正如统计学家纳特·西尔弗（Nate Silver）所提醒的，大数据可能会面临"过度拟合"（overfitting）的情况，即可能会用数据来解释在原始数据中未曾反映的现象。[4] 大数据很诱人，因为它让人能从数据角度看待日常习惯，而从前这些习惯太多，太难量化了。虽然互联的世界所生成数据的丰富程度令人咋舌，而且可能的确有一定用处，但还是有必要考虑背景和历史，才能对人类行为有更细致入微的认识。

本书一方面是在努力解决过度拟合的问题，重点关注移动设备使用的具体场合，引入文化研究的视角来理解移动设备的使用。这一方法包括调查受众如何使用流行文化，以适应周围环境。未来的算法和技术设计必须考虑已有的行为和社交习惯。很可能只有部分行为会被考虑在内，因为公司迎合的是与其产品匹配度最高的行为。跟碎片时间经济一样，揭秘人类行为对理解人类行为有重要影响。就像基钦和道奇所说的，"在设计软件、写代码时，一方面，研发者要对捕捉什么、如何归类和代表什么等做出关键性、根本性的决定。"[5] 碎片时间经济的策略很可能会出现在物联网技术的设计中，因为移动设备的产品和服务已经在借助算法确定具体位置了。培养"传媒零食"、订阅、微支付以及陪伴类应用的逻辑也出于同样的考量，程序员在设计下一代数字技术时也须有同样的考量。想想物联网技术的三个原型：三星的Family Hub智能冰箱（也是其Smart Hub系列产品之一）、Snapchat的"lenses"（透镜）和"filters"（滤镜）功能，以及增强现实游戏《精灵宝可梦Go》，均反映出应用这些普适计算的尝试与对人们使用数字技术改变周遭的假设有何关联。

智能电器和物联网

2016年,三星就开始通过发布一系列联网电器率先定义物联网,针对的正是生活忙碌又不差钱的消费者。对那些买不起这些智能电器的人而言,这一产品广告相当于三星这一励志品牌的背书,带领我们一起畅想未来:技术会让生活越来越方便。广告最吸引人的地方在于提示我们,人与智能电器对家庭内部和谐至关重要。这些技术让那些把碎片时间花在简单任务上的人有了更多的闲暇时间,可以帮助人们完成待办事项。Smart Hub 自诩是一项提高效率的技术,但是它同样跟家庭内部动态关系密切,这正是与客厅相关的碎片时间经济的典型属性。

三星为智能冰箱 Family Hub 所拍的广告,跟针对互联的客厅所开发的技术而拍摄的广告一样,都是关注产品如何为家中特定空间带去宁静,只不过这一次的空间对准了厨房。[6] 广告由真实生活中的名人夫妇克里斯汀·贝尔(Kristen Bell)和达克斯·谢泼德(Dax Sheperd)主演,描述了 Family Hub 如何帮助这对夫妇准备女儿的生日派对。在宣传材料中,三星称谢泼德和贝尔是"多任务夫妻的终极代表",广告重点介绍了冰箱帮助他们分担家务的例子。[7] 谢泼德用手机打开冰箱的内置摄像头,看看里面还有什么东西,是不是需要买鸡蛋,因为他当时正好在超市。接下来,这对夫妇操作起冰箱的触摸屏新订了一些"浓缩酸奶",并选择上门送货。谢泼德用手机发送给贝尔的信息马上显示在冰箱的屏幕上。发完信息以后,谢泼德在冰箱上打开了流媒体音乐服务,这样他们可以在结束了忙碌的派对之后一起分享甜点,一起听听音乐。这则广告最终的结语是一个口号:"给你一个新的家庭核心区。"

在广告所呈现的场景里,三星的冰箱变成了可以处理日常任务的必要组件。冰箱的设计功能意味着可以把它当作即时的采购清单和娱乐单机。这一电器让商店购物更加轻松,一想到要买东西,你就会想要检查一下冰箱,确定是否买重。这一设计功能很像为碎片时间经济而生的移动设备,目的就是帮助人们用好自己的碎片时间。在这种情况下,它让一个人能够把一天当中的想法付诸行动。现在当有人在想,"我要买牛奶"时,他可以借助物联网马上完成这项任务。移动屏幕的主要用途是提供娱乐,让人能控制周遭,而物联网带来的碎片时间经济主要是提高效率和生产力。

依托移动设备发展起来的碎片时间经济对物联网的设计功能也有一定的影响。它表明物联网时代需要加入"破坏"和"创造力"的元素。如果假定人们期待的是精减其活动,那对效率和生产力的执迷也就说得通了。这种哲学在很多智能电器中都有所体现,其设计本身就是在预测人们的需求,让家庭生活更加高效。琳恩·斯皮格尔提出,一直以来技术的设计当以提高家庭生产力为重,这一漫长的历史为这些智能技术奠定了基础。[8]电视屏幕也是这段历史的参与者,而 Smart Hub 把移动私有化和提高做家务的效率两大承诺合二为一。对这些技术的担忧之一就是它们可能太高效了,以至于无法对之进行控制和监督。物联网的自动化可能会让人过度依赖开发这些互联技术的公司。[9]当然了,三星的智能技术套餐的设计初衷是为了结合移动设备，这就形成了一个闭合的系统，在这一系统下，消费者要依靠三星来安排其日常生活。一旦出现什么问题，比如三星要召回其手机，就可能会打乱整个家庭的正常运作。[10]

物联网所承诺的更加自动化、可以进行预测和推荐等功能会进一步巩固碎片时间经济的逻辑。就三星的例子来说，这就意味着把所有的碎片时间变为制订计划、提高效率的机会。之前各章节中的种种论证表明，人们经常会拒绝本着碎片时间经济的原则给出的建议。因为人们使用移动设备的方式很独特，远不止那些商家所推荐的。物联网技术承诺自动化，而自动化则会更加强调假定的消磨时间的活动。但对这种智能电器而言，结合手机、主导物联网体验才是至关重要的。在 Smart Hub 发布会上提供的公关材料中，三星解释了如何使用智能手机控制冰箱屏幕上显示的内容。[11] 不难预见，智能手机会成为各种通知的接收端，提醒用户在休息时间也要保持高效，本书通篇的论证表明人们使用手机的方式往往出人意料，如果三星的例子的确给了我们什么暗示，那就是移动设备将会是进入物联网时代的关键入口。

Snapchat 和定位媒介

移动设备对定位媒介技术而言至关重要，有了这些技术，物联网就能掌握个人所处空间的变化。类似 Snapchat 这样的移动应用借定位服务来实现与实体空间相关的某些功能，比如"透镜"和

"滤镜"等。在本书前面讨论过，移动用户会把在一天当中的碎片时间花在社交媒体平台上，比如 Snapchat。数字关系日新月异，物联网承诺要在人的周围安插各种智能物体，要实现这一点，定位媒介技术至关重要。

定位媒介技术一般都被视为碎片时间经济的一部分，因为它与"导航"密不可分。当人们借助导航或交通地图时，会非常依赖定位服务。使用这些服务可能会改变人对周围环境的认识，改变其与特定人群的互动方式。类似 Foursquare（手机服务网站）和 Yelp（点评网）这样的移动应用会根据地理和人群信息向用户推荐应该如何导航，如何找到喜欢的目的地，比如咖啡店或餐馆。探索导航的算法逻辑这类研究表明对一个地方的描述是基于对用户品位的认识，同时结合了地理信息和人口统计数据。[12] 这些推荐可能会节省时间，但是它们呈现的城市地图会随着使用此应用的人而变化。定位媒介服务以效率的名义基于用户的概况构建了空间的概念。算法有一个"多样性—精确度负相关窘境"，即系统越是能准确地预测一个人的品位，下一次可供他选择的反而越少。[13] 这些服务可能会引起推荐的同质化，显著减少在一个地方的选择，只会推荐最有可能满足用户要求的选择，却也最没有惊喜可言。

许多导航应用就是基于这样的假设，人人都行色匆匆，想要快速做出决定，好马上到达自己的目的地。当人们使用导航软件时，这个假设没有任何问题，但是随着定位服务进一步扩大，把其他活动也融入公共空间，如果数据能认识到不同的社交情境、情绪、温度和空间情况关乎不同的偏好，这些数据对联网的信息来说就有很大用处了。Snapchat，就像其他的社交媒体服务一样，会使用当人们在平台发布东西时的地理标签。如果能够理解发布消息中流露的心情和社交活动，尤其是那些在碎片时间经济下的碎片时间中即兴发布的信息，会有助于定位服务理解我们穿梭于世的各种方式之间存在的细微差异。确实，许多导航应用都在鼓励融入社交媒体，好在其算法中加入用户的概况信息。

当然，公司之间分享社交媒体数据会引发隐私的问题，以及解读数据的能力等相关问题。甚至是社交媒体应用的设计都会影响人们是在何种背景下开展活动的。比如，社交传媒应用 Snapchat 有一个很流行的功能，也就是所谓的"透镜"和"滤镜"，可以使用定位服务。透镜会根据不同的主题增加图片。"小狗透镜"（Dog Lens）是这一设计功能中很流行的一个版本，因为它会在人脸形象的基础上添加狗耳朵、鼻子以及舌头。特殊的透镜和滤镜只有在特定的位置才能使用。人和公司也可以在特定的地方付费创造一个滤镜并存储一定时间。人口稠密的地方［比如橄榄球体育馆（三小时12 000 美元）］要比人口稀少的地方［比如住宅区（三小时 20 美元）］更贵。能够承受这个价格的人和公司决定了人们在公共场合会如何展现自我。依照物联网的逻辑，可以根据这些照片推测心情和社交情境，会影响其他技术对此用户做何反应。

比如，不妨想想传媒公司正在如何把 Snapchat 当作物联网的一个榜样。传媒公司在 Snapchat 上买时间，借助记录人们休息时间的滤镜和透镜来推广某一空间和活动。这种关系把品牌推广和广告带入了社交媒体体验，方式跟推特 Amplify 在客厅的做法类似。Snapchat的一个滤镜在2015 MTV音乐录影带大奖颁奖典礼中大获成功以后，Snapchat和维亚康姆达成了一项长期伙伴关系协议。[14] 这款滤镜会为受众和家庭观众的照片加相框，生成宣传品牌活动的自拍，准确地捕捉人们对颁奖典礼的反应。透镜功能就更有意思了，因为它通过人物漫画或加入品牌改变了人脸的形象。根据Snapchat的统计，Snapchat透镜每天的使用频次超过3 000万次。二十世纪福克斯电影公司是第一个购买全套透镜功能的公司，它当时在宣传电影《X-战警：天启》(*X-Men Apocalypse*)，用了九个完全不同的电影人物来替代一般的透镜。[15] 在此之前，塔克钟（Taco Bell）和佳得乐（Gatorade）因为透镜大火，用户发布了千百万张宣传其品牌的照片，并在平台上频繁互动。[16] 这种体验就是马克·安德雷维奇提醒我们注意的情感经济，他们一定会在广告传达的信息中加入个体及其社交网络。[17] 在物联网的未来，这些应用不仅能把品牌融入身份，而且还能影响其他互联技术会做何反应。

碎片时间经济在品牌推广、公共空间、数字技术的交互地带蓬勃发展。随着数字生活和真实生活相互交融，我们的空间移动方式将会产生实实在在的影响。我们在碎片时间中采取的行动将有助于自我的展现。J.塞奇·埃尔韦尔（J. Sage Elwell）把融入真实生活的数字自我称为"跨媒体的自我"，我们在线上的活动会对日常生活产生影响，因为互联网技术会读取我们发布的东西，根据其对我们的心情和渴望的理解调整自身策略。[18] 移动设备再次成了这种物联网原型中的关键组件。装有Snapchat的智能手机上所安装的硬件，可以揭示正在运行的有关个人用户的定位技术。移动设备也是人们决定如何与周遭互动的地方，碎片时间经济的发展之路揭示出，人们的反应可能与物联网所期待的品牌融合有所出入。虽然物联网将能够预测人们希望在不同的地方如何消磨碎片时间，但人还是可以通过智能手机获得掌控权。

《精灵宝可梦 Go》和增强现实

诸如 Snapchat 这样的定位传媒服务绝不仅是提升实体空间数字化的技术。增强现实的产品在真实空间的基础上创建了虚拟世界，有时候这项技术可能会限定在特定的区域内，就像虚拟现实眼镜和虚拟控制，但是移动设备和可穿戴技术让增强现实显示面板越发便携。人们经常会用增强现实技术来提升旅行体验或玩游戏。随着这项技术变为物联网的特色功能，碎片时间经济将会让我们了解增强现实的设计。人们可以抓住碎片时间体验增强现实，用全新的视角想象周围环境。

碎片时间经济与新兴的增强现实技术相关联的最佳例子是 2016 年最流行的一款移动应用，《精灵宝可梦 Go》是任天堂旗下的 Nitantic 开发的，《精灵宝可梦 Go》把真实世界变成了一个到处都是精灵宝可梦这种奇异生物的环境。这些生物是 20 世纪 90 年代发售的一个跨媒体制作中的产品。该游戏让这一跨媒体制作的粉丝能够通过收集"精灵宝可梦"，让"精灵"对战，以虚拟的方式生活在故事世界。为了找到这些"生物"，游戏玩家必须要在现实世界中到处走，直到碰上"精灵"。让玩家走出去这个要求正是这款游戏与其他流行手游的不同之处，对游戏的报道探讨了它是如何帮助人们在玩游戏的同时加强锻炼的。[19]确实任天堂的广告和对该游戏的宣传都在强调玩游戏是需要参与的活动，广告口号就是"走，寻怪去"。[20]一开始对寻怪的报道集中在耸人听闻的事件上，大肆报道玩家发现尸体、被打劫、侵入私人区域以及圣地，由于政治差异引发冲突等故事。[21]游戏变成了一种现象，但是随着新鲜劲儿退去，玩的人却越来越少。[22]还在坚持玩儿的往往是那些已然把游戏融入日常的人。

从这款游戏的广告中可以看出任天堂对碎片时间经济的重视程度。"去吧"（Get Up and Go）这则广告描述了玩家在玩游戏的同时可能正在锻炼或正在通勤路上。[23]我们采访了那些在其他人放弃了几个月之后还继续玩这个游戏的人，想看看他们是如何把玩游戏融入自己的日常生活的。[24]克里斯·西迪基（Kris Siddiqi）就是这样一个在游戏发布好几个月之后还在坚持玩的人，据他介绍，自己会在"骑自行车上下班的路上"打开这个应用。[25]虽然很多人都会专门留一部分时间来玩游戏，让自己这一天都围着游戏转，但这个游戏的长度刚好够人们在碎片时间玩儿，比如在通勤路上。依托增强现实技术的碎片时间经济建议，人们应抓住碎片时间切换视角，尤其是在按部就班做事时。人们选择用手机来改善自己在碎片时间中的体验，而增强现实让人能在原来消磨时间的地方对同一空间产生新的遐想。跟其他忙着预测和推荐的物联网的例子不同，增强现实是最贴近用户主导的碎片时间体验，用户能借助数字设备改变其空间环境。

最后的思考：娱乐的未来

通过智能电器、定位传媒、增强现实技术，我们得以瞥见物联网的未来。从这些例子中可以看出，很明显碎片时间经济会成为未来互联网技术的重要组成部分。确实，这种商业模式，及其如何塑造移动受众，对那些负责日常产品设计和服务的传媒和技术公司而言颇有吸引力。大多数这类技术都认为人们希望提高其效率及生产率。而本书的例子无不说明，人们渴望从碎片时间中获得的远不止多一些干活的机会。

无论用户希望用自己的碎片时间做什么，通过物联网这些早期的例子，很明显，移动设备对人与周围环境关系的影响越来越大。移动设备将会是物联网的专属遥控。人们用移动设备来管理通知、推荐以及自动化的能力将会是其碎片时间经济体验中不可或缺的一部分。任天堂、Snapchat和三星都认识到了，物联网将塑造未来的消费者行为。每一家公司都在把碎片时间经济的逻辑套用到自家产品上。他们也在考虑广告公司、品牌经理、订阅服务以及微支付等，希望找到方法有效结合其数字技术与人们的日常习惯，以便借此盈利。个人所拥有的管理自己碎片时间的能力取决于移动设备赋予其的掌控力。亨利·詹金斯曾断言，移动设备对"媒介聚合过程"是"至关重要的"。[26]这一论述一点儿没错，因为物联网断言，传媒公司会覆盖我们生活的方方面面。

这些技术的兴起反映了娱乐行业从单一产品到维护现有的传

媒品牌的转变。一部分品牌维护是在碎片时间经济下完成的，因为跨媒体讲故事、角色授权以及互动游戏都会出现在智能设备上。从20世纪80年代起，娱乐公司就开始转向传媒品牌战略。[27] 在《娱乐帝国》（*Empires of Entertainment*）一书中，传媒史学家詹妮弗·霍尔特为这一战略提供了背景，按照时间顺序讲述了传媒行业放宽监管如何为巩固传媒巨头的地位奠定了道路，并为其创造了需求。[28] 在巩固阶段完成后，不断成长的传媒公司欣然接受了市场营销驱动的传媒内容，以便尽量降低风险，尽可能吸引受众。[29] 这些策略随着传媒公司发展全球业务而越发流行。[30] 瞄准全球受众意味着采用保罗·格兰杰（Paul Grainge）提出的"全面娱乐"（total entertainment），即媒体系列不断地跨媒体平台进行传播。[31]

碎片时间经济是品牌传播的关键。传媒公司会用各种娱乐来填充我们的碎片时间，希望与受众建立一种有效的关系。诸如阿谢尔·布伦斯（Axel Bruns）和亨利·詹金斯这样的学者揭示出制作人和消费者的交互为参与和干预创造了更多机会。[32] 此外，乔·图罗、阿曼达·洛茨（Amanda Lotz）和查克·特赖恩表明，数字技术改变了传媒公司衡量其受众和传播内容的方式。[33] 这些改变引发了更加个性化、更加令人称心的文化产品和传播方式，随着物联网采用碎片时间经济的逻辑，用"适合"对应空间背景的品牌匹配人们的休息时间，这一趋势一定会继续下去。

很显然，碎片时间经济是聚合文化的一部分，它在受众的日常生活和传媒品牌的发展之间建立了一种关系。随着交通工具的推广、品牌营销、传播和更多的参与，移动设备已然成了娱乐行业不可或缺的部分，受众会使用智能手机、平板电脑、笔记本以及可穿戴技术产品来把碎片时间经济的文化和对话用作在公共空间自处的工具。随着新的沉浸式技术在碎片时间经济中广泛应用，传媒品牌极有可能成为智能电器、定位传媒以及增强现实等的一部分。几十年来，传媒品牌已逐渐出现在衣服、午餐盒、海报以及玩具上。移动设备从两个方面显著改变了我们在日常生活中使用传媒品牌的方式：第一，它让我们整合传媒品牌的形式更加多样；第二，它是传媒公司的重要发展渠道，可以基于我们日常的习惯和惯例来塑造品牌的未来。

　　移动设备作为传媒公司和物联网的发展渠道这一中心地位的前提是，需要开发设计功能和监管，让用户掌握主动权。智能手机加入了新的设计功能，无须用户主动设置，就能控制通知，自动监管。人们对这些功能的熟识程度和能力各不相同，但对那些想要管理碎片时间经济的人来说，必须先要理解移动设备。隐私类法规如FCC（美国联邦通信委员会）在 2016 年做出的决定"不再让宽带公司出售移动用户的习惯"，这对人们用个人手机来掌控周围环境十分重要。[34] 随着计算机技术逐渐渗透到日常生活的方方面面，在整合碎片时间经济和跨传媒品牌营销战略方面投入的努力只会越来越多。移动手机正是这种数字营销的主战场，因此人们将会需要所有这些工具，更需要所有可能的保护。

致　谢

　　从 2011 年春我妻子执意要给我买一台 iPhone 后，我就一直忙着研究本书的主题。我们谁也没有料到接下来要围绕移动设备进行多少次谈话，更不曾料到会有那么多的朋友和同事帮助我拓展对这一技术的理解。在此我要特别感谢詹妮弗·霍尔特、康斯坦丝·庞莱、安娜·埃弗里特（Anna Everett），他们就像我的导师一样，帮助我发展出本书的最初论点。我还要谢谢加州大学圣塔芭芭拉分校卡西 – 沃尔夫媒体研究中心的各位教员：传媒行业项目（Media Industries Project）的团队成员，包括迈克尔·柯廷（Michael Curtin）、乔舒亚·格林、凯文·桑松（Kevin Sanson）、罗恩·赖斯（Ron Rice）、莉安妮·弗伦奇（LeeAnne French）和埃莉萨·纳尔逊（Elissa Nelson），他们为我引荐了传媒行业的专家；互联观赏体验项目（Connected Viewing Project）团队，包括莎伦·斯特罗弗（Sharon Strover）、马修·托马斯·佩恩（Matthew Thomas Payne）、保罗·麦克唐纳（Paul McDonald）、帕特里克·冯德洛（Patrick Vonderau）、阿曼达·洛茨、艾恩·科卡斯（Aynne Kokas）、查克·特赖恩和马克斯·道森，我们在这个研究项目期间围绕数字传播和移动设备展开过很多次的讨论。在项目刚开始的几个月，多亏了我的研究生学生给出的建议和他们的创意，包括我亲爱的朋友梅雷迪思·巴克（Meredith Bak）、瑞安·鲍尔斯（Ryan Bowles）、丹·雷诺兹（Dan Reynolds）、尼古拉·斯塔罗西尔斯基（Nicole Starosielski）、杰夫·席布勒（Jeff Schieble）、乔舒亚·内维斯（Joshua Neves）、杰德·达文（Jade DaVon）、玛丽亚·科里根（Maria Corrigan）、雷吉娜·隆哥（Regina Longo）、拉胡尔·慕克吉（Rahul Mukherjee）、约翰·范德霍夫（John Vanderhoef）、林赛·帕尔梅（Lindsay Palmer）和戴维·格雷（David Gray）。

我还要感谢很多位传媒专家，他们耐心、和蔼、欣然接受我的采访，并让我拜访他们的工作场所，尤其是 CNN 的基思·阿伦（Keith Allen）和艾莉森·桥本，福克斯体育台的朱迪·黄（Judy Hoang）以及戴维·伊尔（David Hill），二十世纪福克斯电影公司的加里·纽曼（Gary Newman）、Scrollmotion 的乔希·科佩尔（Josh Koppel）、Spotify 的罗西奥·格雷罗，以及 Viggle 的安德鲁·赛罗。在为我的调研招募参与者时，得到了 Outfront Media 的阿比·汉密尔顿（Abbie Hamilton）的大力协助。同时我也要感谢 Ameravant、Latitude 34 以及其他让我观察其工作场所文化和员工移动传媒习惯的公司。感谢所有在结束自己漫长的工作之后还愿意接受我采访的员工。

我与以下诸位在各种会议上相谈甚欢，他们对本书中的观点影响巨大，伊丽莎白·埃文斯、珍妮弗·伊兰、德雷克·康帕尔（Derek Kompare）、贾森·米特尔（Jason Mittell）、伊桑·汤普森（Ethan Tompson）、德雷克·约翰逊（Derek Johnson）、迈尔斯·麦克纳特（Myles McNutt）、约翰·T.考德威尔、丹尼丝·曼恩（Denise Mann）、乔纳森·科恩（Jonathan Cohn）、亚历克斯·库普弗（Alex Kupfer）、唐·弗拉蒂尼（Dawn Fratini）、德鲁·莫尔顿（Drew Morton）、珍·摩尔曼（Jen Moorman）、哈里森·吉什（Harrison Gish）、贾米·巴伦（Jaimie Baron）、贾森·亨德勒（Jason Gendler）、詹妮弗·波斯特（Jennifer Porst）、维基·约翰逊（Vicky Johnson）、贝雷塔·史密斯·沙莫德（Beretta Smith-Shomade）、埃琳·科普尔·史密斯（Erin Copple Smith）、艾尔弗雷德·马丁（Alfred Martin）、克里斯滕·沃纳（Kristen Warner）、朱莉娅·莱达（Julia Leyda）和克里斯·贝克尔（Chris Becker）。特别要感谢艾玛·琼·克里斯蒂安、库尔特内·布兰农·多诺霍（Courtney Brannon Donoghue）和伊丽莎白·埃勒塞尔（Elizabeth Ellcessor），感谢你们的鼓励和对本书提出的宝贵建议。感谢佐治亚州立大学诸位同事对我的支持，无论是知识方面还是行政方面的，包括克雷格·史密斯（Greg Smith）、亚历山德拉·拉恩戈（Alessandra Raengo）、特德·弗里德曼（Ted Friedman）、戴维·切希尔（David Cheshier）、詹妮弗·巴克尔（Jennifer Barker）、莎伦·沙哈夫（Sharon Shahaf）、阿梅莉亚·阿瑟诺（Amelia Arsenault）、肖恩·鲍尔斯（Shawn Powers）、菲利普·路易斯（Philip Lewis）、克雷格·利斯比（Greg Lisby）、玛丽·斯

塔基（Mary Stucky）、安杰洛·雷斯蒂沃（Angelo Restivo）、谢尔登·斯基弗（Sheldon Schiffer）和霍利·威尔金（Holley Wilkin）。阿莉莎·佩伦（Alisa Perren）和凯西·菲勒·西利（Kathy Fuller-Seely），在我一开始写作本书时对我帮助甚大，后来也一直支持我、帮助我，哪怕是后来我们不再在同一层办公。

特别要感谢内达·艾哈迈德（Nedda Ahmed）、德雷克·康帕尔、阿曼达·洛茨、埃里克·津纳（Eric Zinner）和丽莎·纳德卡尔尼（Lisha Nadkarni），你们帮我把这本书的初稿变成如今的成品。本书能顺利完成，与我共事的许多研究生学生功不可没，包括海拉尼·维亚斯（Hemrani Vyas）、卡伦·帕格尔（Caren Pagel）、安迪·肯普（Andy Kemp）、克里斯托弗·考克斯（Christopher Cox）、埃里克·克莱博（Erik Clabaugh）、凯尔·拉瑟（Kyle Wrather）、劳伦·克拉梅尔（Lauren Cramer）、莉莎·卡夫拉尔（Liza Cabral）、布鲁克·索伦里希（Brooke Sonenreich）、马特·博伊德·史密斯（Matt Boyd-Smith）、尼尔·欣南特（Neal Hinnant）、塔尼娅·朱克（Tanya Zuk）、萨拉·斯塔福德（Sara Stafford）、杰森·奎瑞（Jayson Quearry）、约翰·罗伯茨（John Roberts）和亚历克·拉蒂默（Alec Latimer）。

感谢杰里米·源（Jeremy Nguyen）、格伦·穆萨（Glenn Musa）、菲尔·贝弗斯（Phil Befus）、米哈伊·撒马蒂尼（Mihai Samartinean）、凯尔·马克斯（Kyle Marquez）、克里斯·巴伦苏埃拉（Chris Valenzuela）、尼克·巴伦苏埃拉（Nick Valenzuela）、亚伦·拉斯纳（Aaron Lassner）、菲尔·伊兹德斯基（Phil Izdebski）、

布赖恩·格尔纳克（Brian Gernak）、贾斯廷·考夫曼（Justin Kaufman）和杰夫·基辛格（Jeff Kissinger），我们给彼此发的短信对我思考本书话题有很大帮助。感谢我的家人托德·图西（Tod Tussey）、克里斯蒂娜·图西（Christina Tussey）、埃莉丝·图西（Elyse Tussey）、泰勒·图西（Tyler Tussey）、埃米莉·图西（Emily Tussey）、克里斯蒂娜·图西（Christine Tussey）、克里斯蒂安娜·贾维斯（Christianna Jarvis）和萨姆·贾维斯（Sam Jarvis），感谢你们的支持和鼓励。最后要谢谢你，贝姬（Becky），是你触发了我开展这项研究的念头，谢谢你一路上一直陪在我左右。

注 释

引 言

1. Jones, "Music in Factories," 727.
2. Ibid., quoting S. Wyatt, and J. N. Langdon, *Fatigue and Boredom in Repetitive Work,* Medical Research Council, Industrial Health Research Board, Report 77 (London: Medical Research Council, 1937).
3. Jones, "Music in Factories," 731.
4. Harold C. Schonberg, "The Sound of Sounds That Is New York," *New York Times,* May 23, 1965.
5. Cotton Delo, "U.S. Adults Now Spending More Time on Digital Devices than Watching TV," *Advertising Age,* August 1, 2013.
6. Maeve Duggan, "Cell Phone Activities 2013," Pew Research Center: Internet & Technology, September 19, 2013.
7. 了解更多移动设备引发道德恐慌的例子，请参阅 Kevin McSpadden, "You Now Have a Shorter Attention Span than a Goldfish," *Time,* May 14, 2015; Stephen Marche, "Is Facebook Making Us Lonely?," *Atlantic,* May 2012; Joanna Walters, "Tablets and Smartphones May Affect Social and Emotional Development, Scientists Speculate," *Guardian,* February 2, 2015; Graeme Paton, "Internet and Mobile Phones Are 'Damaging Education,'" *Telegraph,* September 9, 2009; Carolyn Gregoire, "How Technology Is Warping Your Memory," *Huffington Post,* December 11, 2013; Helen Lee, "How Your Cell Phone Hurts Your Relationships," *Scientific American,* September 4, 2012.

8. Couldry and McCarthy, introduction to *MediaSpace*, 2.

9. Aaron Smith, "A 'Week in the Life' Analysis of Smartphone Users," chap. 3 in *U.S. Smartphone Use in 2015*, Pew Research Center: Internet & Technology, April 1, 2015.

10. Michele Himmelberg, "Everybody in the Pool: e NCAA Basketball Pool: Morale Booster or Death of Productivity?," *Orange County Register,* March 25, 1997.

11. Grant Robertson, "A New Temptation for Office Workers, Online TV: March Madness Sets Audience Records," *Globe and Mail,* March 20, 2006.

12. Diego Vasquez, "The Dreadful Price of March Madness: Figure $3.8 Billion in Lost Productivity at Work," *Media Life,* March 16, 2006.

13. *Slate* 杂志的杰克·谢弗（Jack Shafer）在其 2016 年 3 月的一篇文章中讲到这一点时说得很好，"Productivity Madness: The Press Swallows $3.8 Billion Worth of Junk Economics," *Slate,* March 20, 2006.

14. Ibid.

15. Bull, *Sound Moves,* 22.

16. Bull, Jeff Buttle, "Street Shows Turning into a Big Business," *Vancouver Sun,* July 22, 1989.

17. Eileen McNamara, "Waiting Room Awaits Us All," *Denver Post,* May 23, 1996.

18. Patricia Davis, "Master Bathrooms Triple in Size and Function," *Wall Street Journal,* February 15, 1999.

19. Radway, *Reading the Romance;* Jenkins, *Textual Poachers;* Klinger, *Beyond the Multiplex.*

20. Anna McCarthy, "Geekospheres: Visual Culture and Material Culture at Work," *Journal of Visual Culture* 3, no. 2 (2004): 213–221.

21. Marvin, *When Old Technologies Were New.*

22. Ibid., 68.

23. Robert Sklar, *Movie-Made America: A Cultural History of American Movies* (New York: Vintage Books, 1994), 14.

24. Spigel, *Make Room for TV.*

25. Boddy, *New Media and Popular Imagination.*

26. 举一个移动技术在"经济分配"阶段中的例子，不妨想想在线广告收入，包括在移动平台上的广告，从 1996 年起一直持续增长，在 21 世纪前 10 年达到了井喷状态，数字广告收入一直到 2016 年才替代了电视广告收入，表明它已经达到了经济稳定的一个关键时刻，"U.S.

Internet Ad Revenues Reach Historic $13.3 Billion in Q1 2015, Representing 16% Increase over Q1 2014 Landmark Numbers, According to IAB Internet Advertising Revenue Report," press release, Internet Advertising Board, June 11, 2015; Ingrid Lunden, "2015 Ad Spend Rises to $187 Billion, Digital Inches Closer to One Third of It," *TechCrunch,* January 20, 2015. George Slefo, "Desktop and Mobile Ad Revenue Surpasses TV for the First Time: Digital Advertising Saw $72.5 Billion Revenue in 2016, a 22% Upswing from the Previous Year," *Advertising Age,* April 26, 2017.

27. Tom Lowry, "As the World Wide Web Turns," *Business Week,* April 2, 2007.

28. Brian Stelter, "Noontime Web Video Revitalizes Lunch at Desk," *New York Times,* January 5, 2008.

29. Nicholas Carlson and Kamelia Angelova, "Chart of the Day: Lunchtime Is the New Primetime," *Business Insider*, October 1, 2009.

30. Carole Angelo, in discussion with author, December 21, 2009.

31. Monica Anderson, "Technology Device Ownership: 2015," Pew Research Center: Internet & Technology, October 29, 2015.

32. Rishika Sadam, "NBC Signs Deal to Create Original Content for Snapchat," Reuters, August 8, 2016.

33. Spigel, *Make Room for TV;* McCarthy, *Ambient Television.*

34. 了解更多从技术角度开展软件研究的学者,可参见,*Language of New Media*; David Trend, ed., *Reading Digital Culture* (Malden, MA: Blackwell, 2001); Marshall McLuhan. "The Medium Is the Message," in *Media and Cultural Studies: Keywords,* ed. Meenakshi Gigi Durham and Douglas M. Kellner (Malden, MA: Blackwell, 2006), 107–116; David Porter, ed., *Internet Culture* (London: Routledge, 1997); Donna Haraway, "A Cyborg Manifesto: Science, Technology, and Socialist-Feminism in the Late Twentieth Century," in *Simians, Cyborgs and Women: The Reinvention of Nature* (New York: Routledge, 1991), 149–181.

35. *Galloway, Interface Effect;* Manovich, *Language of New Media.*

36. Benkler, *Wealth of Networks*; Pierre Levy, *Collective Intelligence* (New York: HarperCollins, 1997).

37. Bogost, "Procedural Rhetoric," in *Persuasive Games*; Van Dijck, *Culture of Connectivity.*

38. 阿莉莎·佩伦和詹妮弗·霍尔特的文集《传媒行业研究》(*Media Industries Studies*)和约翰·T.考德威尔的《生产文化》(*Production Culture*)为结合政治经济和文化研究方法理解传媒行业提供了参考。

39. 了解更多认为数字技术赋予人民力量的学者，参见 Nicholas Negroponte, *Being Digital* (New York: Vintage, 1995); Pierre Levy, *Collective Intelligence: Mankind's Emerging World in Cyberspace* (New York: Plenum, 1997); Sherry Turkle, *Life on the Screen: Identity in the Age of the Internet* (New York: Simon and Schuster, 1997); and Benkler, *Wealth of Networks*. 例如，关于数字消费者的研究可以参见，Castells, *Rise of the Network Society*; Mark Andrejevic, *iSpy: Surveillance and Power in the Interactive Era* (Lawrence: University Press of Kansas, 2007); James Carey, "Historical Pragmatism and the Internet," *New Media and Society* 17, no. 4 (2005): 444.

40. 本克勒认为人们总是想要与彼此合作沟通，却受限于成本，且娱乐行业的传播基础设施和生产标准尚不成熟，由此在民间文化和互联网文化之间建立了联系。他认为数字技术已经移除了这些壁垒，让消费者有了更大的自主性和建立新的传播网络的能力，新的传播网络已超越了金融关系，集中在社交网络关系的层面。参见 Benkler, *Wealth of Networks*, 23.

41. Castells, *Rise of the Network Society*, 15–17.

42. 了解把结构主义经济学方法应用于新媒体技术研究的例子，参见 Andrew Currah, "Hollywood versus the Internet: The Media and Entertainment Industries in a Digital and Net-worked Economy," *Journal of Economic Geography* 6 (2006): 439–468; Lessig, *Free Culture*.

43. 在探究数字传媒过程中，两个结合政治经济分析和文化研究方法的最佳范例就是亨利·詹金斯的《聚合文化：旧媒体和新媒体的碰撞》（*Convergence Culture: Where Old Media and New Media Collide*）(New York: NYU Press, 2006) 和克林格的《在多元之外》（*Beyond the Multiplex*）。

44. Augé, *Non-places*, 105.

45. Souza e Silva, "From Cyber to Hybrid Mobile Technologies."

46. MacKenzie Wark, *Virtual Geography: Living with Global Media Events* (Bloomington: Indiana University Press, 1994), xiv.

47. Bull, *Sound Moves*, 22.

48. 麦卡锡的《周围的电视》（*Ambient Television*）一书中第六章的名字是"Television While You Wait"（"等候时看的电视节目"）；其中包括对 CNN 机场电视网为候机室安排的节目的分析和她对此空间开展的场域具体的人种学观察。

49. Jenkins, *Convergence Culture*, 258.

第一章　碎片时间经济和移动时段

1. Neetzan Zimmerman, "Louis C.K.'s Explanation of Why He Hates Smartphones Is Sad, Brilliant,"

Gawker, September 20, 2013.

2.Williams, *Television*.

3.Spigel, "Portable TV."

4.Kobayashi and Boase, "Tele cocooning."

5.Sterne, *Audible Past*.

6.Michael Bull, "No Dead Air! The iPod and the Culture of Mobile Listening," *Leisure Studies* 24, no. 4 (2005): 343–355.

7.Campbell, "Mobile Communication and Network Privatism," 3.

8.Papacharissi, *Private Sphere*.

9.Ibid., 24.

10.Campbell, "Mobile Communication and Network Privatism," 7.

11.Ibid., 3.

12.Sydney Shep, "Books in Global Perspective," in *The Cambridge Companion to the History of the Book*, ed. Leslie Howsam (New York: Cambridge University Press, 2015), 55.

13.Ibid.

14. 有许多关于这种文学规范的记录，包括 Jacqueline Pearson, *Women's Reading in Britain, 1750–1834: A Dangerous Recreation* (New York: Cambridge University Press, 1999); and Belinda Jack, *The Woman Reader* (New Haven, CT: Yale University Press, 2012).

15.Mary Hammond, "Book History in the Reading Experience," in *The Cambridge Companion to the History of the Book*, ed. Leslie Howsam (New York: Cambridge University Press, 2015), 242.

16.Michael Brian Schiffer, *The Portable Radio in American Life* (Tucson: University of Arizona Press, 1991).

17.Ibid., 41.

18.Ibid., 42.

19.Ibid., 66.

20.Ibid., 181.

21.Ibid.

22.Ibid.

23.Ibid.

24. Ibid., 214.

25. Ibid., 223.

26. Murray Schafer, *The Tuning of the World* (New York: Knopf, 1977).

27. Hosokawa, "Walkman Effect."

28. Ibid., 176.

29. Spigel, "Portable TV," 60.

30. Ibid., 80.

31. Ibid.

32. Ibid., 88.

33. Ibid., 71.

34. Goggin, *Cell Phone Culture*, 24.

35. Ibid., 28.

36. H. Lacohée, N. Wakeford, and I. Pearson, "A Social History of the Mobile Telephone with a View of Its Future," *BT Technology Journal* 21, no. 3 (2003): 205.

37. Goggin, *Cell Phone Culture*, 35.

38. Ibid.

39. Du Gay et al., *Doing Cultural Studies*.

40. Ibid., 48.

41. Ibid., 60.

42. Ibid., 62.

43. Tobin, *Portable Play in Everyday Life*. 20. 托宾认为应该把这种掌上游戏机，比如任天堂的Game & Watch出品的Game Boy，以及后来的DS看作源于早期的玩具和小创意，比如Robot Hand，以及其他用幽默的方式帮助拓展身体可及的范围，换个视角看东西的广角潜望镜技术。

44. Ralph Blumenthal, "Electronic-Games Race," *New York Times*, December 14, 1980.

45. Jason Wilson, "Distractedly Engaged: Mobile Gaming and Convergent Mobile Media," *Convergence* 17, no. 4 (2011): 351–355.

46. Tobin, *Portable Play in Everyday Life*, 21.

47. Ibid.

48. Ibid., 23.

49. Goggin, *Cell Phone Culture*, 32.

50. Ibid., 37.

51. Larissa Hjorth and Ingrid Richardson, "The Waiting Game: Complicating Notions of (Tele) presence and Gendered Distraction in Casual Mobile Gaming," *Australian Journal of Communication* 36, no. 1 (2009): 26.

52. Certeau, *Practice of Everyday Life*, 29.

53. Browne, "Political Economy of the Television (Super) Text."

54. Tania Modleski,"The Search for Tomorrow in Today's Soap Operas: Notes on a Feminine Narrative Form,"*Film Quarterly* 33, no. 1 (1979): 12–21.

55. Browne, "The Political Economy of the Television (Super) Text," 71.

56. 其他描述电视和日常生活架构关系的学者包括 Torunn Selberg, "Use of Television in Everyday Life: Ritualisation of Everyday Culture," *Lore and Language* 16, nos. 1–2 (1998): 104–114; Fiske, *Television Culture*; Modleski, "Rhythms of Reception."

57. 参见 Dawson, "Little Players, Big Shows"; Will Brooker, "Living on Daw-son's Creek: Teen Viewers, Cultural Convergence, and Textual Overflow," *International Journal of Cultural Studies* 4 (2001): 456–472; Chuck Tryon, *Reinventing Cinema: Movies in the Era of Convergence* (New Brunswick, NJ: Rutgers University Press, 2009); Evans, *Transmedia Television*; Jennifer Gilan, *Television and New Media: Must-Click TV* (New York: Routledge, 2011); Ross, *Beyond the Box*; Jostein Gripsrud, *Relocating Television: Television in the Digital Context* (New York: Routledge, 2010); John T. Caldwell, "Convergence Television: Aggregating Form and Repurposing Content in the Culture of Conglomeration," in *Television after TV: Essays on a Medium in Transition*, ed. Lynn Spigel and Jan Olsson (Durham, NC: Duke University Press, 2004), 41–74; Graeme Turner and Jinna Tay, eds., *Television Studies after TV: Understanding Television in the Post-Broadcast Era* (New York: Routledge, 2009); Paul Grainge, ed., *Ephemeral Media: Transitory Screen Culture from Television to YouTube* (London: BFI, 2011); Caldwell, "Second- Shift Media Aesthetics"; Thompson, *Frodo Franchise*; Michael Curtin, "Matrix Media," in Turner and Tay, *Television Studies after TV*, 9–20; Gray, *Show Sold Separately*.

58. Henry Jenkins, "YouTube, Multichannel Networks and the Accelerated Evolution of the New Screen Ecology," *Confessions of an ACA-Fan*, April 26, 2016, http://henryjenkins.org.

59. Meehan, "Why We Don't Count."

60. Ibid., 127.

61. Ibid.

62. Evans, "Economics of Free Freemium Games."

63. Zittrain, *Future of the Internet*.

64. Chris Anderson and Michael Wolff, "The Web Is Dead. Long Live the Internet," *Wired* 18.09 (August 17, 2010).

65. Apple, "iPhone Premieres This Friday Night at Apple Retail Stores," press release, June 28, 2007.

66. Alice Z. Cuneo, "iPhone: Steve Jobs," *Advertising Age*, November 12, 2007; Beth Snyder Bulik, "iPhone 3G: Phil Schiller," *Advertising Age*, November 17, 2008.

67. Apple, "Elliot," iPhone commercial, 2007.

68. Facebook, "Facebook Launches Additional Privacy Controls for News Feed and Mini-Feed," Facebook Newsroom, September 8, 2006.

69. Jessi Hempel, "Facebook's News Feed Turns 10," *Backchannel*, September 6, 2016.

70. 在这一功能发布之前的一篇《科技博客》评论将新闻流形容为"一股注意力元流（attention metastream），单页点击率不重要，重要的是这种服务如何让用户有效地交流"。Michael Arrington, "New Facebook Redesign More than Aesthetic," Tech Crunch, September 5, 2006.

71. Warren St. John, "When Information Becomes T.M.I.," *New York Times*, September 10, 2006; Nielsen, "Tops of 2015: Digital," Nielsen Newswire: Media and Entertainment, December 17, 2015.

72. Alex Woodson, "Gewecke Goes Digital at WB," *Hollywood Reporter*, December 13, 2007.

73. Georg Szalai, "Time Warner: Flixster Is Key to Cloud-Based Content Plans," *Hollywood Reporter*, May 25, 2011.

74. Tryon, On-Demand Culture, 43.

75. Kimberly Nordyke and Carolyn Giardina, "Warner Bros. Adds 'Inception,' 'Harry Potter' Movies to Facebook Rentals," *Hollywood Reporter*, March 28, 2011.

76. Georg Szalai, "Warner Bros. Offers 'Dark Knight,' 'Inception' Downloads via Apple Apps," *Hollywood Reporter*, February 16, 2011.

77. Chris Marlowe, "Warner Rolling with BitTorrent First to Use Open P2P for Output," *Hollywood Reporter,* May 9, 2006.

78. Ben Fritz, "Digital Distribution: All Together Now," *Variety*, April 25, 2006.

79.Tryon, *On-Demand Culture*; Spigel and Dawson, "Television and Digital Media," 281.

80.Spigel and Dawson, "Television and Digital Media," 281.

第二章 工作场所:"零食"与流

1.Laurie Flynn, "Finding On-Line Distractions, Employers Strive to Keep Workers in Line," *New York Times,* November 6, 1995.

2. 介绍生产力和管理技术策略的书包括 Timothy Ferriss, *The 4-Hour Workweek: Escape 9–5, Live Anywhere, and Join the New Rich* (New York: Crown, 2007); Kory Kogon, Adam Merrill, and Leena Rinne, *The 5 Choices: The Path to Extraordinary Productivity* (New York: Simon and Schuster, 2014); Brian Tracy, *Eat That Frog! 21 Great Ways to Stop Procrastinating and Get More Done in Less Time,* 2nd ed. (Oakland, CA: Berrett-Koehler, 2007).

3. 支持该论断的研究包括 Cecilie Schou Andreassen, Torbjørn Torsheim and Ståle Pallesen, "Predictors of Use of Social Network Sites at Work: A Specific Type of Cyberloafing," *Journal of Computer-Mediated Communication* 19, no. 4 (2014): 906–921; J. Adams and R. J. Kirkby, "Excessive Exercise as an Addiction: A Review," *Addiction Research & Theory* 10 (2002): 415–437; M. S. Eastin, C. J. Glynn, and R. P. Griths, "Psychology of Communication Technology Use in the Workplace," *Cyberpsychology & Behavior* 10 (2007): 436–443; Don J. Q. Chen and Vivien K. G. Lim, "Impact of Cyberloafing on Psychological Engagement," paper presented at the annual meeting of Academy of Management, San Antonio, TX, August 2011; Vivien K. G. Lim, "The IT Way of Loafing on the Job: Cyberloafing, Neutralizing and Organizational Justice," *Journal of Organizational Behavior* 23 (2002): 675–694; J. A. Oravec, "Constructive Approaches to Internet Recreation in the Workplace," *Communications of the ACM* 45 (2002): 60–63; L. Reinecke, "Games at Work: The Recreational Use of Computer Games during Working Hours," *Cyberpsychology & Behavior* 12 (2009): 461–465; J. M. Stanton, "Company Profile of the Frequent Internet User," *Communications of the ACM* 45 (2002): 55–59.

4.Andreassen, Torsheim, and Pallesen, "Predictors of Use of Social Network Sites at Work," 917.

5.Ibid.

6. 了解更多关于工作场所在意义生成过程中重要性的讨论,参见 Hobson, "Soap Operas at Work"; and Dorothy Hobson, "Women Audiences and the Workplace," in *Television and Women's Culture: The Politics of the Popular,* ed. Mary Ellen Brown (London: Sage, 1990), 61–71.

7.V. K. G. Lim and D. J. O. Chen, "Cyberloafing at the Workplace: Gain or Drain on Work?,"

Behaviour & Information Technology, 2009, 1–11.

8. Andreassen, Torsheim, and Pallesen, "Predictors of Use of Social Network Sites at Work"; J. Vitak, J. Crouse, and R. LaRose, "Personal Internet Use at Work: Understanding Cyberslacking," *Computers in Human Behavior* 27 (2011): 1751–1759; R. K. Garrett and J. N. Danziger, "On Cyberslacking: Workplace Status and Personal Internet Use at Work," *Cyberpsychology & Behavior* 11 (2008): 287–292.

9. Marshall McLuhan, *Understanding Media: Extensions of Man* (Cambridge, MA: MIT Press, 1994), 8.

10. Ibid.

11. L. G. Pee, I. M. Y. Woon, and A. Kankanhalli, "Explaining Non-Work-Related Computing in the Workplace: A Comparison of Alternative Models," *Information & Management* 45 (2008): 120–130; R. K. Garrett and J. N. Danziger, "Disaffection or Expected Outcomes: Understanding Personal Internet Use during Work," *Journal of Computer-Mediated Communication* 13 (2008): 937–958; B. Verplanken and S. Orbell, "Reflections on Past Behavior: A Self-Report Index of Habit Strength," *Journal of Applied Social Psychology* 33 (2003): 1313–1330.

12. B. Liberman, G. Seidman, K. Y. A. McKenna, and L. E. Buffardi, "Employee Job Attitudes and Organizational Characteristics as Predictors of Cyberloafing," *Computers in Human Behavior* 27 (2011): 2192–2199.

13. 该公司选择匿名。

14. Marek Kaczynski, "Music at Work: Towards a Historical Overview," *Folk Music Journal* 8 (2003): 314–334.

15. Jones, "Music in Factories."

16. Celine Roque, "Can Listening to Music Boost Your Productivity?," *Gigaom*, July 12, 2010.

17. 引用的 Spotify 清单见以下 URLs: Sarah-Louise Thexton, "Safe for Work (Pop)," http://open.spotify.com/user/115223202/playlist/4dWou8uj4IYfaaj9wCUnVR; ihascube, "Work Music (Clean)," http://open.spotify.com/user/ihascube/playlist/2JRocnWt cH6gwShnYZZyT4; Lisa Roach, "Work Playlist," http://open.spotify.com/user/1248940056/playlist/5RcBBrwJXrT-pnglEB1BMfF.

18. Michael Bull, " 'To Each Their Own Bubble': Mobile Spaces of Sound in the City," in *MediaSpace: Place, Scale and Culture in a Media Age,* ed. Nick Couldry and Anna McCarthy (London: Routledge, 2004), 283.

19. Klinger, *Beyond the Multiplex.*

20. Ibid., 139.
21. 了解发现自我在"新经济"（new economy）中的重要性，参见 Lisa Adkins, "The New Economy, Property, and Personhood," *Theory, Culture, Society* 22, no. 111 (2005): 111–130.
22. 了解关于在办公桌前吃午饭和国别关系的讨论，参见 Nathalie Rothschild, "Swedish Lunch Disco," *Slate,* May 1, 2012; Rachael Larimore, "I'd Rather Eat at My Desk," Slate, April 24, 2012; and Rachael Levy, "Let's Do Lunch," *Slate,* April 20, 2012.
23. McCarthy, *Ambient Television,* 41.
24. Ibid.
25. Anna-Lisa Linden and Maria Nyberg, "The Workplace Lunch Room: An Arena for Multicultural Eating," *International Journal of Consumer Studies* 33, no. 1 (2009): 42–48.
26. Hobson, "Soap Operas at Work."
27. Morley, *Family Television.*
28. Bryan Long, " 'Daily Show' Viewers Ace Political Quiz," *CNN.com,* September 29, 2004.
29. Kenneth Olmstead, Cliff Lampe, and Nicole B. Ellison, "Social Media and the Workplace," Pew Research Center, June 22, 2015.
30. Nielsen, "Web Traffic to U.S. Sports Sites Grew in August," Nielsen Newswire, October 3, 2008.
31. ComScore, "Official FIFA Cup Web Site Attracts Millions of Viewers and Billions of Page Views from Around the World in June," press release, July 13, 2006.
32. Kyle Stock, "Why NBC Doubled Down on the English Premier League's Small Audience," Bloomberg, August 11, 2015.
33. I. Nayeem, A. Rangachari, J. Trent, and R. R. Josyula, "A Flexible Security System for Using Internet Content," *IEEE Software* 14, no. 15 (1997): 52–59.
34. A. Urbaczewski and L. Jessup, "Does Electronic Monitoring of Employee Internet Usage Work? At What Cost?," *Communications of the ACM* 45, no. 1 (2002): 80–83.
35. Yvonne Jewkes, "The Use of Media in Constructing Identities in the Mas- culine Environment of Men's Prisons," *European Journal of Communication* 17 (2002): 222.
36. Evan M. Berman and Jonathan P. West, "The Effective Manager . . . Takes a Break," *Review of Public Personnel Administration* 27 (2007): 383.
37. Brent Coker, "Freedom to Surf: Workers More Productive If Allowed to Use the Internet for Leisure," *University of Melbourne News,* April 2, 2009.

38. Ibid.

39. Chen and Lim, "Impact of Cyberloafing."

40. Ameravant 员工, 接受作者采访, 2010 年 11 月 8 日。

41. Andreassen, Torsheim, and Pallesen, "Predictors of Use of Social Network Sites at Work."

42. 了解活动详情和背后的创作过程, 参见 "Wonderland Productions Finishes HBO 'Watercooler,' " *Mix*, April 16, 2004, http://mixonline.com. 在此观看活动视频: http://creativity-online.com/work/hbo-watercooler/10764. 关于这场活动的讨论也可参见, "HBO and the Concept of Quality TV," in *Quality TV: Contemporary American Television and Beyond,* ed. Janet McCabe and Kim Akass (New York: Palgrave Macmillan, 2007), 154.

43. Ellen Seiter, *Television and New Media Audiences* (Oxford, UK: Clarendon, 1999), 116.

44. Fiske, *Television Culture*.

45. Castells, *Internet Galaxy,* 127.

46. Christian, "Web as Television Reimagined?"

47. Fox Sports Digital, "Fox Sports Creates Digital Programming Unit," press release, September 9, 2009, www.foxsports.com.

48. Mayer, Banks, and Caldwell, *Production Studies.*

49. Paul Willis, *Learning to Labor: How Working Class Kids Become Working Class* (New York: Columbia University Press, 1981).

50. Austin Siegemund-Broka and Paul Bond, "Budget Breakdowns: What a Typical Movie and TV Pilot Really Cost to Make Now (and Why)," *Hollywood Reporter,* October 1, 2015.

51. 情景喜剧"生活大爆炸"每集售价一直都在 150 万美元, 了解更多辛迪加节目市场, 参见 Nikki Finke and Nellie Andreeva, "Big Syndie Deals: 'Glee' to Oxygen; Modern Family to USA," *Deadline Hollywood Daily,* June 29, 2010.

52. Bruce Owen and Steve Wildman, *Video Economics* (Cambridge, MA: Harvard University Press, 1992), 48.

53. 网剧缺少从属市场这一情况有几个例外, "办公室" (The Office) 的网剧系列被编译成 DVD, 乔斯·惠登制作的"恐怖博士的欢唱博客" (Dr. Horrible's Sing-Along Blog) 网剧系列成为 2008 年最畅销的 DVD. 了解更多详情, 参见 Cynthia Littleton and Josef Adalian, "TV Shows Getting Ambitious," *Variety,* September 21, 2007; and Ryan Nakashima, "Hollywood Adds Money, Talent to Made-for-Web Shows," *Boston Globe,* December 21, 2007.

54. John Consoli, "FoxSports.com Tackles TV-Web Integration with Streaming," Wrap, May 9, 2010.

55. 这种策略经常被称为"全方位营销"（360 marketing），从 21 世纪前 10 年开始就是电视前沿市场的一个卖点。参见 Lotz, *Television Will Be Revolutionized.*

56. Jennifer Gillan, *Television Brandcasting: The Return of the Content-Promotion Hybrid* (New York: Routledge, 2014).

57. Interview with author, December 16, 2009.

58. "中心位置"对网络出版物而言是一个理想的好位置，等同于报纸行业中的头版新闻。

59. 这些数据是《午间也精彩》的制作人从 Omniture and ComScore 获得的数据中提取以后给我的。

60. Victoria E. Johnson, "Everything New Is Old Again: Sport Television, Innovation, and Tradition for a Multi-platform Era," in *Beyond Prime Time: Television Programming in the Post-network Era,* ed. Amanda D. Lotz (New York: Routledge, 2009), 114–138.

61. 马克斯·道森和珍妮弗·伊兰介绍了根据体裁而非赛事对数字平台分门别类区分内容的做法，参见 Max Dawson, "Little Players, Big Shows: Format, Narration, and Style on Television's New Smaller Screens," *Convergence: The International Journal of Research into New Media* Technologies 13, no. 3 (2007): 231–250; Jennifer Gillan, *Television and New Media*: *Must-Click TV* (New York: Routledge, 2011).

62. 史蒂文·梅尔尼克与作者的讨论，2009 年 12 月 7 日。

63. 推特账号是 @Broslife.

64. 梅尔尼克与作者的讨论。

65. Marisa Guthrie. "'SNL,' Jimmy Fallon, Kimmel Turning Late Night Laughs into Digital Dollars," *Hollywood Reporter*, January 12, 2012.

66. Bill Carter. "How Jimmy Fallon Crushed Stephen Colbert (and Everyone Else in Late Night)," *Hollywood Reporter.* (December 16, 2015).

67. Jeanine Poggi, "Late Night Is Much More than TV," *Advertising Age,* February 17, 2014.

68. Guthrie, "'SNL,' Jimmy Fallon, Kimmel."

69. Michael O'Connell, "Trevor Noah's 'Daily Show' Mandate: Lure Millennials, Digital Heat," *Hollywood Reporter,* August 5, 2015.

70. Caldwell, "Second-Shift Media Aesthetics."

71. Ibid.

72. Elana Levine, "The Changing Fortunes of Daytime Television Soap Opera," in *Beyond Prime Time: Television Programming in the Post-network Era,* ed. Amanda D. Lotz (New York: Routledge, 2009), 36–55.

73. Raymond Williams, "Programming: Distribution and Flow," in *Television*.

74. John Ellis, *Visible Fictions: Cinema, Television, Video* (London: Routledge and Kegan Paul, 1982); Jane Feuer, "The Concept of Live Television: Ontology as Ideology," in *Regarding Television*, ed. E. Ann Kaplan (Los Angeles: American Film Institute, 1983), 12–22.

75. John Caldwell, in *Televisuality: Style, Crisis, and Authority in American Television* (New Brunswick, NJ: Rutgers University Press, 1995), 提出，新技术的出现让抢观众的竞争更为激烈，形式过多成了区分节目的一种流行技术。

76. 其他描述电视和日常生活架构关系的学者包括 Torunn Selberg, "Use of Television in Everyday Life: Ritualisation of Everyday Culture," *Lore and Language* 16, nos. 1–2 (1998): 104–114; Fiske, *Television Culture*; Modleski, "Rhythms of Reception."

77. 朱迪·黄·博伊德接受作者采访，2009年12月1日。

78. 我在现场期间，采访了很多参与制作《大学实验》的工作人员，他们一直在描述这个节目是《午间也精彩》系列中最能引发争议的，并提到了他们为交叉推广和争取赞助所创作材料中存在的问题。

79. 博伊德，接受作者采访。

80. 《午间也精彩》的制作人和编剧，接受作者采访，2009年12月2日。

81. John Ourand, "Fox Feasting on Early Numbers for 'Lunch,'" *Sports Business Daily*, October 5, 2009.

82. Ibid.

83. Associated Press, "Fox Sports Cancels Show after Video Mocks Asians," Yahoo Sports, September 7, 2011.

84. Mikey O'Connell, "'The College Experiment' Ends at Fox Sports after Mocking Asian Students," *Zap 2 News and Buzz*, September 8, 2011.

85. Ibid.

86. 了解在罢工期间开发的内容和拿下的电视交易的例子，参见 Virginia Heffernan, "Serial Killers," *New York Times Magazine*, August 22, 2008; Chris Volgner, "Web Videos Helped Samberg Snag 'Hot Rod,'" *Dallas Morning News*, August 3, 2007.

87. Elizabeth Wagmeister, "HBO Brings Web Series 'High Maintenance' to TV with New Episode," *Variety*, April 20, 2015.

88. Ariana Bacle, "'Broad City' and Other Web Series That Made Surprising Jumps to TV," *Entertainment Weekly*, January 28, 2015.

89. Marx, "Missing Link Moment."

90. 了解传媒巨头如何用一个行业来支持另一个行业的例子，参见 Christopher Anderson, *Hollywood*

TV: The Studio System in the 1950s (Austin: University of Texas Press, 1994).

91. 希尔不是唯一一个用这个比喻的人，在我整个调查过程中，诸如盖尔·伯曼、劳埃德·布朗（Lloyd Braun）、史蒂夫·拉弗蒂（Steve Lafferty）这样的业内高管都用这个比喻来形容数字媒体的兴起。希尔是在该系列的公关发布会上说了这番话。Fox Sports Digital, "Fox Sports Creates Digital Programming Unit," press release, September 9, 2009, www.foxsports.com.

92. Boyd, interview with author.

93. Richard Sandomir, "Fox's Glazer Straddles Jobs as N.F.L. Reporter and Trainer," *New York Times,* May 27, 2010.

94. News Corporation, "Bill Richards Elevated to Coordinating Producer of 'Fox NFL Sunday' and 'The OT,' " *Business Unit News,* August 11, 2011.

95. Roy Cureton, "Robert Ryang '02's Stanley Cup," *Columbia College Today,* January 2006.

96. 盖尔·伯曼，接受传媒行业项目（Media Industries Project）员工采访，Carsey-Wolf Center, University of Santa Barbara, May 21, 2010.

97. 彼得·莱文森，接受传媒行业项目员工采访，Carsey- Wolf Center, University of Santa Barbara, May 21, 2010.

98. Pierre Bourdieu, *Distinction: A Social Critique of the Judgment of Taste* (Cambridge, MA: Harvard University Press, 1984), 5–6.

99. Ibid., 111.

100. Joe Turow, *Niche Envy: Marketing Discrimination in the Digital Age* (Cambridge, MA: MIT Press, 2006).

101. Ibid., 18.

102. 了解更多粉丝研究的例子，参见 Will Brooker, *Using the Force* (London: Continuum, 2002); Jenkins, *Textual Poachers;* Constance Penley, *NASA/TREK* (London: Verso, 1997); and Matt Hills, *Fan Cultures* (London: Routledge, 2002).

103. Certeau, *Practice of Everyday Life,* 25.

104. Ibid., 26.

第三章　通勤：智能汽车和在列车上发推文

1. M. Sheller, "Automotive Emotions: Feeling the Car," *Theory, Culture and Society* 21, nos. 4–5 (2004): 231.

2. Campbell, "Mobile Communication and Network Privatism," 3.

3. Mimi Sherry and John Urry, "The City and the Cybercar," in *The Cybercities Reader,* ed. Stephen Graham (New York: Routledge, 2004), 170.

4. Peter Walker, "Union Wins Travelling Time Case in European Court,"*Guardian,* September 10, 2015.

5. 肯齐·伯切尔（Kenzie Burchell）把通过联网的移动设备进行沟通称为"联网时间"（networked time）。Kenzie Burchell, "Tasking the Everyday: Where Mobile and Online Communication Take Time," *Mobile Media and Communication* 3, no. 1 (2015): 36–52.

6. Campbell, "Mobile Communication and Network Privatism," 3.

7. 关于通勤族广告报道的研究可以上溯至1963年，在ARF（广告研究基金会）技术服务总监的作品中可以找到明证。Ingrid C. Kildegaard, "How We Commute," *Journal of Advertising Research* 5 (1965).

8. 这类广告的例子包括谷歌 Nexus TV 的 "Camp Out" 和 T-Mobile Monthly 4G TV 的 "Band"。

9. Chuck Tryon, "Make Any Room Your TV Room: Digital Delivery and Media Mobility," *Screen* 53, no. 3 (2012): 287–300.

10. McCarthy, *Ambient Television*, 11.

11. 约翰·T.考德威尔把媒体行业的这种策略认为是最早开始努力创作数字节目。Caldwell, "Second-Shift Media Aesthetics."

12. Bull, *Sound Moves.*

13. Ibid., 9.

14. Tryon, *On-Demand Culture.*

15. Caldwell, *Production Culture.*

16. Patrick Kevin Day, "Netflix Gets into the Awards Game with the Flixies," *Los Angeles Times,* February 28, 2013.

17. 提名作品包括 Louis C.K. *Chewed Up, Dreamworks Shrek's Swamp Stories, Something from Nothing: The Art of Rap, Man vs. Wild, Portlandia, Weird, True & Freaky, Mythbusters, Shark Week, Punkin Chunkin', Best Food Ever, Oddities,* and *Wreckreation Nation.*

18. Josh Constine, "Twitter Becomes Its Own Second Screen with Dockable Videos that Play While You Browse," *TechCrunch,* October 27, 2014.

19. Paula Bernstein, "Netflix Expands Originals to Include Documentaries and Stand-Up Comedy," *IndieWire,* July 22, 2013.

20. Adam Epstein, "Netflix Is Cornering the Stand-Up Comedy Market,"*Quartz,* January 18, 2017.

21. Todd Spangler, "YouTube Red Unveiled: Ad-Free Service Priced Same as Netflix," *Variety*, October 21, 2015.

22. McClung and Johnson, "Examining the Motives of Podcast Users."

23. Carly Mallenbaum, "Podcast Fans: Get a Ticket to the 'Party,' " *USA Today*, June 12, 2015.

24. 文森特·米尔塞科（Vincent Meserko）描述了博客如何让喜剧演员在自己的喜剧表演之外能坦诚地讲话，与观众沟通。Vincent M. Meserko, "Going Mental: Podcasting, Authenticity, and Artist-Fan Identification on Paul Gilmartin's *Mental Illness Happy Hour*," *Journal of Broadcasting & Electronic Media* 58, no. 3 (2014): 456–4469.

25. Sarah Florini, "The Podcast 'Chitlin' Circuit': Black Podcasters, Alternative Media, and Audio Enclaves," *Journal of Radio & Audio Media* 22, no. 2 (2015): 209–219.

26. Julie Miller, "Marc Maron's President Obama Podcast: The WTF Host Takes Us Behind the Scenes," *Vanity Fair*, June 22, 2015.

27. Archie Thomas, "Brit Comic Joins the Pod People," *Variety*, December 19, 2005.

28. 安德鲁·博顿利的研究明确了广播体裁和博客形式之间的关联。Andrew Bottomley, "Podcasting, *Welcome to Night Vale*, and the Revival of Radio Drama," *Journal of Radio & Audio Media* 22, no. 2 (2015): 179–189.

29. Shirley Halperin, "Why Podcasts Are Comedy's Second Coming: Adam Carolla, Marc Maron and Greg Proops Weigh In," *Hollywood Reporter*, September 29, 2011.

30. Carly Mallenbaum, "The 'Serial Effect' Hasn't Worn Off," *USA Today*, April 16, 2015.

31. Carly Mallenbaum, " 'Serial' News: Incarcerated Adnan Syed Granted Appeal," *USA Today*, February 8, 2015.

32. Berry, "Golden Age of Podcasting?"

33. Natalie Jarvey, "Howl Launches Podcast Subscriptions with 'WTF with Marc Maron' Archives," *Hollywood Reporter*, August 17, 2015; Natalie Jarvey, "E. W. Scripps Acquires Podcast Network Midroll Media," *Hollywood Reporter*, July 22, 2015; Jenelle Riley, "*Comedy Bang-Bang's* Scott Aukerman: From Screwing Around to a Podcast Empire," *Variety*, May 5, 2015.

34. Natalie Jarvey, "Pandora Gets 'Serial' Podcast in Exclusive Streaming Deal," *Hollywood Reporter*, November 2, 2015.

35. Spigel, *Make Room for TV*, 75.

36. Ibid.

37. Alex Heath, "This Is the Next Big Thing for Spotify — and It Has Nothing to Do with Music,"

Tech Insider, February 8, 2016.

38. Outfront Media, "Audience Targeting: African American-Black: Out-of- Home Advertising Solutions," www.outfrontmedia.com; Outfront Media, "Your Brand Story, Outfront: Media across the U.S.A.," accessed September 14, 2015, www.outfrontmedia.com.

39. Outfront Media, "Frank Beck Chevrolet Case Study," accessed September 14, 2015, www.outfrontmedia.com.

40. Outfront Media, "Designing for Out of Home," accessed September 14, 2015, www.outfrontmedia.com.

41. Ibid.

42. Outfront Media, "Mobile Advertising," accessed September 14, 2015, www.outfrontmedia.com.

43. Outfront Media, "JCDecaux and Outfront Media Launch the First Smart Bus Shelter in Los Angeles," press release, July 22, 2015, http://investor.outfrontmedia.com.

44. Ibid.

45. Steve Scauzillo, "Metro Works to Hook Up Subway Riders to Internet," *Inland Valley Daily Bulletin*, January 18, 2015.

46. AFA, "iFlirtero," Google Play Store, Vers. 6.0 (February 23, 2015), accessed September 25, 2015, https://play.google.com/store/apps/details?id=com.appplication.flirteroapp&hl=en.

47. 基于地点、满足具体场合协作的移动应用包括 LifeKraze、ShareMyPlaylists、Yik Yak、Geocaching、Parallel Kingdom、Spec- Trek、Parallel Mafia、Turf Wars、Landlord Real Estate Tycoon、Whisper、Jack'd、Spaceteam、nearpod、Ingress、Pacmanhattan、and iFlirtero。

48. Micah Wright, "5 Inexpensive Connected Cars with Available WiFi," *Gear and Style: Cheat Sheet*, March 28, 2015.

49. Goggin, *Cell Phone Culture*, 24.

50. 比如，Chevy 每月的订阅费用从 10 美元到 50 美元不等，Chrysler 的订阅费则是一周 35 美元。

51. 这些软件集成被标榜为让人更安全地使用令人分心的智能手机，司机无须再冒险点开移动屏幕搜索，就能完成一般性的任务。

52. 根据帕维尔·马尔塞克斯的行业分析，2014 年有所增长的领域就是联网汽车行业，可能是此前只关注商业的通勤受众将进一步接纳娱乐的一个信号。Pavel Marceux, "Why Digital Majors Are Moving into the Car Market," Euromonitor International, March 25, 2015, www.portal.euromonitor.com.

53. 这一功能仅限于苹果的应用，如 iMessage、日历以及地图等。

54. Matthew Spadaro, "An Apple a Day," *U-Wire,* September 24, 2015.

55. Bill Vlasic, "U.S. Proposes Spending $4 Billion on Self-Driving Cars," *New York Times,* January 14, 2016.

56. Campbell, "Mobile Communication and Network Privatism."

57. Papacharissi, *Private Sphere.*

58. G. Simmel, "The Metropolis and Mental Life," in *The City Cultures Reader,* ed. M. Miles, T. Hall, and I. Borden (New York: Routledge, 2003), 12–19.

59. Simun, "My Music, My World," 925.

60. Morse, "Ontology of Everyday Distraction," 195. 因为地方只会作为空间被赋予意义，它们可能会被在其中行走的人的表达能力所干扰。但莫尔斯相信，现代生活的空间已经可以通过干扰和娱乐的经济学表达其作为空间的存在意义。

61. Ibid., 199. 莫尔斯很诗意地描述了这种替代效果："这种内在的双重性也有两种象征维度：国家和城市之间的对立，自然和文化之间的对立，主权个体和社交主体的对立，这些统统被中和，只是为了在非空间中再次重组，以一种多层的折中形式，既在两者皆有的乌托邦内，又在两者皆无之间。"

62. 了解此类研究的例子，参见 Michael Bull, " 'To Each Their Own Bubble': Mobile Spaces of Sound in the City," in *MediaSpace: Place, Scale, and Culture in a Media Age,* edited by Nick Couldry and Anna McCarthy (London: Routledge, 2004), 275; Stephen Groening, "From 'a Box in the Theater of the World' to 'the World as Your Living Room': Cellular Phones, Television and Mobile Privatization," *New Media and Society* 12, no. 8 (2010): 1331– 1347; Michael Bull, "Automobility and the Power of Sound," *Theory, Culture and Society* 21, nos. 4–5 (2004): 243–259.

63. Nielsen, "Millennials Prefer Cities to Suburbs, Subways to Driveways," Nielsen Newswire, March 4, 2014.

64. Thulin, "Mobile Audio Apps"; Hosokawa, "Walkman Effect."

65. Groening, "From 'a Box in the Theater of the World,' " 1342.

66. Morse, "Ontology of Everyday Distraction," 200.

67. Williams, *Television,* 188.

68. Project for Public Spaces, "Technology Brings People Together in Public Spaces after All," *Project for Public Spaces Blog,* July 17, 2014, www.pps.org.

69. Ibid.

70. Ibid.

71. Chase Wright, "Metro North to Expand Quiet Car Program," *Hour,* March 21, 2012.

72. Randy Kennedy, "A Code to Crack Down on Subway Impoliteness: City,"*New York Times,* July 22, 2003.

73. Ibid.

74. Ira Henry Freeman, "Subway Riders to Hear TV Voices with Advice on Safety and Etiquette," *New York Times,* August 21, 1953.

75. Ibid.

76. Robert Trumbell, "Campaign to Improve Etiquette on Trains Is Started in Japan," *New York Times,* August 2, 1959.

77. Ibid.

78. Daniel S. Hamermesh, "Not Enough Time?," *American Economist* 59, no. 2 (2014): 119; Kim Parker and Wendy Wang, "Modern Parenthood," Pew Research Center's Social & Demographic Trends Project, March 14, 2013.

79. Liz Bowie, "Teens under Stress in Top College Competition," *Baltimore Sun,* April 12, 2009.

80. Laura Dwyer-Lindgren, Greg Freedman, Rebecca E. Engell, Thomas D. Fleming, Stephen S. Lim, Christopher J. L. Murray, and Ali H. Mokdad, "Prevalence of Physical Activity and Obesity in US Counties, 2001–2011: A Road Map for Action," *Population Health Metrics* 11, no. 1 (2013), article 7.

81. Parker and Wang, "Modern Parenthood."

82. Moshe, "Media Time Squeezing."

83. Nielsen, "What's Empowering the New Digital Consumer?," Nielsen Newswire, February 10, 2014; Roberto A. Ferdman, "The Slow Death of the Home-Cooked Meal," *Washington Post,* March 5, 2015.

84. Lee Rainie and Kathryn Zickuhr, "Americans' Views on Mobile Etiquette," Pew Research Center, August 26, 2015, 5.

85. Ibid., 3.

86. 我研究亚特兰大地铁上的乘客，是想了解通勤如何成为文化和对话的出口。我在亚特兰大地铁上召集了一批调查对象，在178份调查问卷中编制了200多个移动媒体使用示例。该调查包括20个问题，旨在揭示移动设备在上下班途中的使用与在家庭中使用情况有何不同。此外，调查还要求受访者描述他们在列车上用设备干什么，并发送用移动设备从事活动的屏幕截图作为例证。这些截图是通过推特、脸书、电子邮件和该研究的官方网站收集的。

87. Sherry Turkle, "Stop Googling. Let's Talk," *New York Times,* September 26, 2015.

88. Clive Thompson, "Brave New World of Digital Intimacy," *New York Times,* September 5, 2008.

89. Rainie and Zickuhr, "Americans' Views on Mobile Etiquette."

90. Amanda Lenhart, "Teens, Technology and Friendships," Pew Research Center: Internet & Technology, August 6, 2015.

91. Anderson, "Neo-Muzak and the Business of Mood."

92. Sean Ludwig, "Spotify Adds Songza-Like 'Playlists for Every Mood' and Messaging with Friends," *Venture Beat,* August 4, 2013.

93. Rocio Guerrero, interview with author, September 30, 2015.

94. 播放清单的口号是:"让这个不拘一格的播放清单伴随你潇洒回家。"

95. Anderson, "Neo-Muzak and the Business of Mood."

96. Ibid., 835.

97. Raju Mudhar, "Your TTC Station's Personal iPod Playlist," *Toronto Star,* July 6, 2012.

98. Arianna Bassoli, Julian Moore, and Stefan Agamanolis, "tunA: Socialising Music Sharing on the Move," in *Consuming Music Together: Social and Collaborative Aspects of Music Consumption Technologies,* ed. Kenton O'Hara and Barry Brown (Dordrecht, Netherlands: Springer, 2006), 151–172.

99. 每一个这样的应用都会让你把流行文化表情包和 GIF 加入短消息对话,关于这些公司的故事包括 Ryan Lawler, "Your iOS GIF Keyboard Is Finally Here, Thanks to Riffsy," *Tech Crunch,* September 23, 2014; Sarah Perez, "Blippy Returns with a Brand-New GIF Keyboard for iOS 8," *TechCrunch,* November 20, 2014; Darrell Etherington, "PopKey's Animated GIF Keyboard for iOS 8 Is the One You Should Be Using," *TechCrunch,* October 1, 2014; Sarah Perez, "Kanvas Debuts an iOS Keyboard That Lets You Send Decorated Photos, Stickers and GIFs. Or Even Just Text," *TechCrunch,* November 13, 2014; Megan Rose Dickey, "Giphy Wants to Become a Full-Fledged, GIF-Based Media Company," *TechCrunch,* October 7, 2015.

100. 据贾森·爱普生说,"GIF"(无论发音是否强调首字母)代表"图像交换格式"; GIF 是"短小、无声、循环、未命名的动图",是跟朋友和同事沟通时分享用的。Jason Eppink, "A Brief History of the GIF (So Far)," *Journal of Visual Culture* 13, no. 3 (2014): 298–306.

101. Ibid., 298.

102. Ibid., 302.

103. 参见以下关于观众使用 GIF 的讨论:Michael Z. Newman, "Say 'Pulp Fiction' One More

Goddamn Time: Quotation Culture and Internet-Age Classic," *New Review of Film and Television Studies* 12, no. 2 (2013): 125–142; Ruth Anna Deller, "Simblr Famous and SimSecret Infamous: Performance, Community Norms, and Shaming among Fans of *The Sims*," in "Performance and Performativity in Fandom," ed. Lucy Bennett and Paul J. Booth, special issue, *Transformative Works and Cultures* 18 (2015); Kayley Thomas, "Revisioning the Smiling Villain: Imagetexts and Intertextual Expression in Representations of the Filmic Loki on Tumblr," in "Appropriating, Interpreting, and Transforming Comic Books," ed. Matthew J. Costello, special issue, *Transformative Works and Cultures* 13 (2013).

104. Klinger, *Beyond the Multiplex*, 181.

105. Ibid., 156.

106. Ibid., 156.

107. Jenkins, *Textual Poachers*.

108. Lawrence Lessig, *Remix: Making Art and Commerce Thrive in the Hybrid Economy* (New York: Penguin, 2008).

109. Graig Uhlin, "Playing in the Gif(t) Economy," *Games and Culture* 9, no. 6 (2014): 525.

110. Alex Reimer, "The NFL's War on GIFs Is a Losing Battle," *Forbes*, October 13, 2015.

111. Eppink, "Brief History of the GIF," 304.

112. Uhlin, "Playing in the Gif(t) Economy," 521.

113. Sarah Perez, "Giphy Expands beyond Messenger with Its New GIF-Sharing App," *TechCrunch*, October 29, 2015.

114. Sarah Perez, "Disney Now Has Its Own GIF App and iOS 8 Keyboard," *TechCrunch*, June 26, 2015; Jon Russell, "Facebook Tests Fea- tures That Make Sharing GIFs in Messenger Easier than Ever," *TechCrunch*, July 5, 2015.

115. Sarah Perez, "Hulu Launches Its Own GIF Search Engine," *TechCrunch*, April 6, 2015.

116. Perez, "Disney Now Has Its Own GIF App."

117. Jonathon Dornbush, "C-3PO Can Now Help Guide Drivers as Waze Navigation Voice," *Entertainment Weekly*, November 23, 2015.

118. Georg Szalai, "AT&T to 'Lead the Evolution of Video' Services after DirecTV Acquisition, CEO Says," *Hollywood Reporter*, August 12, 2015.

119. Ibid.

120. Klint Finley, "T-Mobile's Unlimited Video Raises Net Neutrality Concerns,"*Wired*,

November 10, 2015.

121.Szalai, "AT&T to 'Lead the Evolution of Video.' "

122.Finley, "T-Mobile's Unlimited Video."

123.Ibid.

第四章 等候室：从无聊中获利

1.CBS 总裁莱斯·穆恩维斯（Les Moonves）称在 2016 年的"超级碗"期间，该电视网上播出一个 30 秒广告的费用是 500 万美元。Claire Groden, "This Is How Much a 2016 Super Bowl Ad Costs," *Fortune,* August 6, 2015.

2.Stuart Dredge, "Clash of Clans Mobile Game Was Most Popular Super Bowl Ad in 2015," *Guardian,* February 9, 2015; Joe Lynch, "Super Bowl 2015: 10 Best and 5 Worst Commercials," *Billboard,* February 1, 2015.

3.Nielsen, "The Digital Consumer," February 2014.

4.安娜·麦卡锡解释说，虽然电视制作人制作节目的初衷是面向家庭内的空间，但看电视却常常发生在公共场所。McCarthy, *Ambient Television*.

5.Lance Strate, *Amazing Ourselves to Death: Neil Postman's Brave New World Revisited* (New York: Peter Lang, 2014).

6.C. A. Middleton, "Illusions of Balance and Control in an Always-On Environment: A Case Study of Blackberry Users," in *Mobile Phone Cultures*, ed. Gerard Goggin (New York: Routledge, 2008).

7.McCarthy, "Television While You Wait," in *Ambient Television*.

8.Bogost, *Persuasive Games*.

9.McCarthy, *Ambient Television*, 201.

10.Ibid., 197.

11.Ibid.

12.媒体行业研究结合了媒体公司的分析、劳动实践和媒体行业的商业策略。Mayer, Banks, and Caldwell, *Production Studies*; Jennifer Holt and Alisa Perren, *Media Industries: History, Theory, and Method* (New York: Wiley, 2011).

13.艾莉森·桥本，Turner Private Networks 节目制作的副总裁解释说，据观众反映，在他们提供 CNN Airport 的地方体验更好。艾莉森·桥本，接受作者采访，2015 年 8 月 28 日。

14. Cara Beardi, "Airport Powerhouses Make Connection: TMI, Carosell Link to Reach Affluent Business Travelers," *Advertising Age,* October 2, 2000; Emily Bryson York, "Starbucks Aims to Build Project Red Community: Will Personalize Holiday Push with Site, In-Store World AIDS Day Event," *Advertising Age*, December 1, 2008.
15. Williams, *Television.*
16. Jeanine Poggi, "Turning Point for Turner?," *Advertising Age,* May 12, 2014.
17. Brian Stelter, "A Struggling CNN Worldwide Is Said to Be Drawn to Jeffrey Zucker," *New York Times,* November 27, 2012.
18. Marisa Guthrie, "Jeff Zucker on His New CNN Job: 'If We Don't Try Something Different, We Won't Succeed,' " *Hollywood Reporter*, November 29, 2012.
19. Tim Goodman, "Hello, I'm Jeff Zucker. You're Fired," *Hollywood Reporter,* January 29, 2013.
20. Brian Steinberg, "Will CNN Replace Piers Morgan with Reality TV?," *Variety,* February 24, 2014.
21. Marisa Guthrie, "CNN's Jeff Zucker: Larry King / Piers Morgan–Style Interview Shows 'No Longer Viable,' " *Hollywood Reporter*, April 10, 2014.
22. Hilary Lewis, "Jeff Zucker, CNN Films Execs Talk News-Doc Interplay, Tease Future Features," *Hollywood Reporter,* November 8, 2014.
23. John T. Caldwell, "Critical Industrial Practice: Branding, Repurposing, and the Migratory Patterns of Industrial Texts," *Television & New Media* 7, no. 2 (2006): 105.
24. Ibid., 106.
25. Hashimoto, interview with author.
26. Dorsey Shaw, "CNN Spent an Insane Amount of Time Covering Missing Flight 370 Wednesday Night," *BuzzFeed News,* March 13, 2014.
27. Tony Maglio, "Malaysia Airlines Flight Crash Gives Cable News Ratings Big Boost," *Wrap*, July 18, 2014.
28. David Carr, "Brash Chef and Big Bet for CNN," *New York Times,* June 3, 2012; Gary Baum, "How Anthony Bourdain Could Save CNN," *Hollywood Reporter*, September 26, 2014.
29. Jesper Juul, *A Casual Revolution: Reinventing Video Games and Their Players* (Cambridge, MA: MIT Press, 2010).
30. Rhiannon Williams, "The Best-Selling iTunes Album of the Year Gives Eddy Cue Goosebumps," *Telegraph,* December 10, 2015.

31. Evans, "Economics of Free Freemium Games."

32. Barry Schwartz, "Waiting, Exchange, and Power: The Distribution of Time in Social Systems," *American Journal of Sociology* (1974): 3.

33. McCarthy, *Ambient Television*, 209.

34. Hashimoto, interview with author.

35. McCarthy, *Ambient Television*, 209.

36. Ian Bogost, "The Rhetoric of Video Games," in *The Ecology of Games: Connecting Youth, Games, and Learning*, ed. Katie Salen (Cambridge, MA: MIT Press, 2008), 119.

37. Ibid., 121.

38. "In-Game Purchases Drive Video Game Growth in 2015," Euromonitor International, Datagraphic Toys and Games, June 27, 2016, www.portal.euromonitor.com.

39. Mike Mason, "Demographic Breakdown of Casual, Mid-Core and Hard-Core Mobile Gamers," *Mobile Games Blog*, Magmic, December 19, 2013, http://developers.magmic.com.

40. Ian Bogost, "Asynchronous Multiplay: Futures for Casual Multiplayer Experience," paper presented at the Other Players Conference on Multiplayer Phenomena, Copenhagen, Denmark, December 2004, 2, http://bogost.com/writing/asynchronous_multiplay_futures/.

41. Evans, "Economics of Free Freemium Games," 8.

42. "Mobile Gaming Revenues Won't Quit Growing," *eMarketer*, November 7, 2014, www.emarketer.com.

43. Bogost, "Rhetoric of Video Games," 120.

44. Evans, "Economics of Free Freemium Games," 5.

45. Ian Paul, "Tasty! Activision Snaps Up Candy Crush Maker King for $5.9 Billion," *PC World*, November 3, 2015.

46. Mason, "Demographic Breakdown."

47. Mike Shields, "Zynga Kills Soaps: Audience Shifts as Viewers Become Gamers," *Adweek*, April 25, 2011.

48. John Ellis, *Visible Fictions: Cinema, Television, Video* (New York: Routledge, 1982), 164.

49. John T. Caldwell, *Televisuality: Style, Crisis, and Authority in American Television* (New Brunswick, NJ: Rutgers University Press, 1995), 25.

50. Ian Bogost, "Cow Clicker: The Making of an Obsession," Ian Bogost's website, July 21, 2010, http://bogost.com.

51. Nicole Laporte, "How Mobile Game Company Seriously Aims to Reverse Engineer Hollywood," *Fast Company,* July 8, 2015.

52. Ibid.

53. Mike Thompson, "Ranked: Best and Worst Movies Based on Videogames,"*Metacritic,* September 8, 2010.

54. Henry Jenkins, *Fans, Bloggers, and Gamers: Exploring Participatory Culture* (New York: NYU Press, 2006), 118.

55. Gray, *Watching with "The Simpsons."*

56. Ibid., 92.

57. Ibid., 2.

58. Ibid.

59. Thomson Financial, "Event Brief of Q3 2016 Electronic Arts Inc Earnings Call — Fall," Event Briefs, Electronic Arts Quarterly Financial Disclosure, January 28, 2016; Thomson Financial, "Q4 2015 Electronic Arts Inc Earnings Call — Final," Event Briefs, Electronic Arts Quarterly Financial Disclosure, May 5, 2015; "Mobile Games Veteran Stuart Duncan Launches icejam(TM), Creates New Era of Free-to-Play Mobile Games Based on Playable Data," *Business Wire,* July 30, 2015.

60. 这一计算是基于 Numbers 统计这几周全部观众的收视率得出的，2016 年 1 月 11 日至 17 日（220万人），2016年1月4日至10日（450万人），2015年12月28日至2016年1月3日（240万人），2015 年 12 月 21 日至 27 日（230 万人）。"Weekly Ratings," TV by the Numbers, accessed February 2, 2016.

61. EA Staff, " 'Life-Ruiningly Fun' Comes to iPad, iPhone & iPod Touch with the Launch of *The Simpsons: Tapped Out,*" Electronic Arts press release, March 1, 2012.

62. Ibid.

63. Ibid.

64. Joshua Green and Henry Jenkins, "The Moral Economy of Web 2.0: Audience Research and Convergence Culture," in *Media Industries: History, Theory, and Method,* ed. Jennifer Holt and Alisa Perren (New York: Wiley, 2009), 213–225.

65. 格林和詹金斯引用了几个惹怒粉丝的例子，包括赫克托·波斯蒂戈的研究——拒绝游戏公司对其改装这一做法的游戏玩家社区。Ibid., 221–223.

66. Jonathan Gray, "In the Game: The Creative and Textual Constraints of Licensed Videogames," in

Wired TV, ed. Denise Mann (New Brunswick, NJ: Rutgers University Press, 2014), 53–71.

67.Evans, "Economics of Free Freemium Games," 5.

68.Ibid., 12.

69.*The Simpsons: Tapped Out forum*, "What's the Oddest Place / Time You've Played TSTO?," entries from March 28, 2013, accessed February 22, 2016, http://forum.ea.com.

70.Shira Chess, "Going with the Flo," *Feminist Media Studies* 12, no. 1 (2012): 91.

71. 网上观察，2016 年 2 月 23 日。

72.Henry Jenkins, *Convergence Culture: Where Old and New Media Collide* (New York: NYU Press, 2006).

73.Jerry Lerma and Terry Hogan, "Guide to Springfield USA: A Highly Detailed Map of the Simpsons' Hometown," 2002, last updated August 18, 2006, http://web.archive.org.

74.Bravewall, 评论 "Following the Springfield Guide" thread, July 8, 2013, *The Simpsons: Tapped Out* forum: Springfield Showcase.

75.Emmcee1, 评论 "Following the Springfield Guide" thread, July 8, 2013, *The Simpsons: Tapped Out* forum: Springfield Showcase.

76.MrCluth111, 评论 "What Have You Done with Rancho Relaxo?" thread, January 28, 2015, *The Simpsons: Tapped Out* forum: Springfield Showcase; DaoudX, 评论 "What Have You Done with Rancho Relaxo?" thread, January 28, *2015, The Simpsons: Tapped Out* forum: Springfield Showcase.

77.Larsyuipo, 评论 " Town Design Tips" thread, September 16, 2015,*The Simpsons: Tapped Out* forum: Springfield Showcase.

78.4Junk3000, 评论 "Town Design Tips" thread, January 23, 2016, *The Simpsons: Tapped Out* forum: Springfield Showcase.

79.Awez1, 评论 "Town Design Tips" thread, September 15, 2015, *The Simpsons: Tapped Out* forum: Springfield Showcase.

80.Gray, *Watching with "The Simpsons,"* 69–70.

81.Bolter and Grusin, *Remediation.*

82.Gray, *Watching with "The Simpsons,"* 73.

83.Ibid., 75.

84.Sam Anderson, "Just One More," *New York Times Magazine,* April 4, 2012.

85. 约翰·菲斯克、约翰·哈特利（John Hartley）、霍勒斯·纽科姆（Horace Newcomb）等

人早期所做的电视研究工作让电视的合法化成为一个研究领域。Horace Newcomb, *TV: The Most Popular Art* (New York: Anchor Books, 1974); Williams, *Television*; John Fiske and John Hartley, *Reading Television* (London: Methuen, 1978).

86.Charlotte Brundson, "Crossroads: Notes on Soap Opera," Screen 22, no. 4 (1981): 32–37; Dorothy Hobson, *Crossroads: The Drama of a Soap Opera* (London: Methuen, 1982).

87.Chess, "Going with the Flo."

88.Ibid.

89.Gregg, *Work's Intimacy*, 10.

90.Ibid.

91.Jason Wilson, Chris Chesher, Larissa Hjorth, and Ingrid Richardson, "Distractedly Engaged: Mobile Gaming and Convergent Mobile Media," *Convergence: The International Journal of Research into New Media Technologies* 17, no. 4 (2011): 351–355.

第五章 "互联"的客厅：电视也有春天

1.Samsung, "Hi, TV," advertisement, March 1, 2012, available at https://www.youtube.com/watch?v=JV6JLcjVJiA.

2.Samsung, "It's Not TV," advertisement, October 14, 2013, available at https://www.ispot.tv/ad/72Fr/samsung-smart-tv-its-not-tv.

3.David Morley, *Television, Audiences and Cultural Studies* (New York: Routledge, 1992); Silverstone, *Television and Everyday Life;* Ang, *Desperately Seeking the Audience.*

4.这一论断在米汉的文章《我们为什么不重要》（*Why We Don't Count*）中是最有说服力的。

5.这些电视在 2012 年消费者电子展（2012 Consumer Electronics Show）上亮相以后，实现监督已经没什么难度。Michael Learmonth, "Soon Your TV Will Watch You, Too," *Advertising Age,* January 13, 2012.

6.Shane Harris, "Your Samsung Smart TV Is Spying on You, Basically," *The Daily Beast,* February 5, 2015.

7.David Meyer, "Worried about Smart TVs Listening In? Welcome to the Smart Home," *Gigaom,* February 9, 2015.

8.讨论技术和内容变化比较好的一个例子来自 Mark Harris, "TV Is Not TV Anymore: A Revolution in How We Watch Was Just the Start. Now Comes the Good Stuff," *New York,* May 21, 2012.

9. Tim Wu, "Niche Is the New Mass," *New Republic,* December 9, 2013.

10. Brian Steinberg, "Is This the Fall TV Advertisers Tune In the Second Screen?," *Variety,* August 22, 2013.

11. Hassoun, "Tracing Attentions," 275. He cites Charles Allen, "Photographing the TV Audience," *Journal of Advertising Research* 5, no. 1 (1965): 2–8.

12. Ethan Tussey, "Connected Viewing on the Second Screen: The Limitations of the Living Room," in *Connected Viewing: Selling, Sharing, and Streaming Media in a Digital Era,* ed. Jennifer Holt and Kevin Sanson (New York: Routledge, 2014), 202–216.

13. Will Brooker, "Living on Dawson's Creek: Teen Viewers, Cultural Convergence, and Television Overflow," *International Journal of Cultural Studies* 4, no. 4 (2001): 456–472.

14. Richard Mullins, "Super Bowl Ads Will Blitz Your Phone," *Tampa Tribune,* January 28, 2012.

15. Van Es, "Social TV and the Participation Dilemma."

16. Hye Jin Lee and Mark Andrejevic, "Second-Screen Theory: From the Democratic Surround to the Digital Enclosure," in *Connected Viewing: Selling, Streaming and Sharing Media in the Digital Era,* ed. Jennifer Holt and Kevin Sanson (New York: Routledge, 2014), 53.

17. Van Es, "Social TV and the Participation Dilemma," 115.

18. Elizabeth Evans, "Layering Engagement: The Temporal Dynamics of Transmedia Television," *StoryWorlds: A Journal of Narrative Studies* 7, no. 2 (2015): 119–120.

19. Chris Gaylord, " 'Second Screen' Apps Turn Digital Distractions into TV Companions," *Christian Science Monitor,* April 17, 2012.

20. Marianna Orbist, Regina Bernhaupt, and Manfred Tscheligi, "Interactive TV for the Home: An Ethnographic Study of Users Requirements and Experiences," *International Journal of Human-Computer Interaction* 24, no. 2 (2008): 174–196; Wilson, "In the Living Room."

21. Lora Oehlberg, Nicolas Ducheneaut, James D. Thornton, Robert J. Moore, and Eric Nickell, "Social TV: Designing for Distributed, Sociable Television Viewing," *Proceedings of EuroTV,* 2006, 255.

22. Fabio Giglietto and Donatella Selva, "Second Screen and Participation: A Content Analysis on a Full Season Dataset of Tweets," *Journal of Communication* 64, no. 2 (2014): 260–277.

23. "Multi-Screen Is the Ultimate Screen," Bravo Affluencer, accessed April 13, 2016, www.affluencers.com.

24. John Ellis, *Visible Fictions: Cinema, Television, Video* (New York: Routledge, 1992), 128.

25. Ibid., 112.

26. Lee and Andrejevic, "Second-Screen Theory."

27. Andrea Chen, Mahlet Seyoum, Reginald Panaligan, and Kimberly Wasiljew, "The Role of Digital in TV Research, Fanship and Viewing," Think with Google, April 2014.

28. "Broadcasters Sync Up Second-Screen Efforts," *Broadcasting and Cable,* November 19, 2012.

29. "Second-Screen Green Remains Scarce," *Broadcasting and Cable,* April 15, 2013.

30. Simon Khalaf, "The Cable Industry Faces the Perfect Storm: Apps, App Stores and Apple," *Flurry Insights,* September 10, 2015; Randall Stross, "The Second Screen, Trying to Complement the First," *New York Times,* March 3, 2012.

31. Lee and Andrejevic, "Second-Screen Theory," 52.

32. Jeanine Poggi, "Too Many Apps for That," *Advertising Age,* September 29, 2014.

33. 数字来自电子传媒行业博主查克·帕克（Chuck Parker）和 Miso 的 CEO 索马特尼约吉（Somrat Niyogi），在 Lee and Andrejevic, "Second- Screen Theory," 第 42 页中两个人都被引用了。

34. "New Ways to Rethink the Second Screen," *Broadcasting and Cable,* November 4, 2013.

35. Andrew Seroff, interview with author, October 24, 2014.

36. Ibid.; Poggi, "Too Many Apps for That."

37. Sam Thielman, "Twitter Killed All These Second Screen Apps," *Adweek*, September 9, 2013.

38. Donghee Yvette Wohn and E. K. Na, "Tweeting about TV: Sharing Television Viewing Experiences via Social Media Message Streams," *First Monday* 16, no. 3 (2011): http://firstmonday.org.

39. 贝弗利·A. 博达-布朗（Beverly A. Bondad-Brown）等人的研究证实电视把推特看作娱乐和消遣的额外渠道。Beverly A. Bondad-Brown, Ronald E. Rice, and Katy E. Pearce, "Influences on TV Viewing and Online User-Shared Video Use: Demographics, Generations, Contextual Age, Media Use, Motivations, and Audience Activity," *Journal of Broadcasting & Electronic Media* 56, no. 4 (2012): 471–493.

40. Markus Stauff, "The Second Screen: Convergence as Crisis," *Zeitschrift für Medienund Kulturforschung* 6 (2015): 127; Evans, "Layering Engagement," 119.

41. Dan Biddle, comments at TV ReTweeted event, Royal Television Society, May 28, 2014, https://rts.org.uk.

42. 安德斯·奥洛夫·拉松（Anders Olof Larsson）的研究表明当人们想要对电视节目做出反应，并让其他人也看到其反应时会使用话题标签。Anders Olof Larsson, "Tweeting the Viewer:

Use of Twitter in a Talk Show Context," *Broadcasting & Electronic Media* 57 (2013): 135–152.

43. Bill Heil and Mikolaj Piskorski, "New Twitter Research: Men Follow Men and Nobody Tweets," *Harvard Business Review,* June 1, 2009.

44. Agence France-Presse, "Twitter an Awkward Child as It Turns 10," *Nation: Thailand's Independent Newspaper,* March 18, 2016.

45. 蒂姆·海菲尔德（Tim Highfield）等人的研究表明在欧洲歌唱大赛（Eurovision song contest）期间，人们在查看推特时会感觉自己对看节目的受众有了准确的认识。Tim Highfield, Stephen Harrington, and Axel Bruns, "Twitter as a Technology for Audiencing and Fandom: The Eurovision Phenomenon," *Information, Communication & Society* 16, no. 3 (2013): 315–339.

46. Nielsen, "Nielsen Launches Demographics for Nielsen Twitter TV Ratings," Nielsen Press Room, May 19, 2014.

47. Nielsen, "TV Season in Review: Biggest Moments on Twitter," Nielsen Newswire, June 1, 2015.

48. Philip Pond, "Twitter Time: A Temporal Analysis of Tweet Streams during Televised Political Debate," *Television & New Media* 17, no. 2 (2016): 155.

49. Van Dijck, *Culture of Connectivity*, 75.

50. Ibid., 82.

51. 推特在2015年创造了"Twitter Amplify"这个词，并成为推特创收策略的标准组成部分，面向任何想要从其视频中赚钱的发行人。Lauren Johnson, "More Preroll Ads Are Coming to Twitter with Expanded Video Program," *Adweek,* October 8, 2015.

52. Van Dijck, *Culture of Connectivity,* 85.

53. Bill Brioux, "Now You Can Watch 'Desperate Housewives,' 'Grey's Anat- omy' in Two Minutes Flat," *Canadian Press,* April 2012.

54. Seth Abramovitch, "Twitter Partners with Viacom for Ad-Supported Highlights," *Hollywood Reporter,* June 19, 2013.

55. Van Dijck, *Culture of Connectivity,* 12.

56. Tanzina Vega, "ESPN to Use Twitter to Send Instant Replays of College Football," *New York Times,* December 14, 2012.

57. Abramovitch, "Twitter Partners with Viacom."

58. Judit Nagy and Anjali Midha, "The Value of Earned Audiences: How Social Interactions Amplify TV Impact," *Journal of Advertising Research* 54, no. 4 (2014): 448–453.

59. Abramovitch, "Twitter Partners with Viacom."

60. Garett Sloane, "Gooooaaallll! Fox Deportes Amplifies on Twitter," *Adweek*, March 14, 2014.

61. Adgully Bureau, "Starsports.com and Vodafone India to Bring 'Twitter Amplify' for Indian Sport Fans," *Adgully*, August 8, 2014.

62. Christopher Heine, "ESPN Re-ups with Twitter Amplify for College Football," *Adweek*, August 29, 2013.

63. Caldwell, "Second-Shift Media Aesthetics."

64. Johnson, "More Preroll Ads Are Coming."

65. Ethan Tussey, "Desktop Day Games: Workspace Media, Multitasking and the Digital Baseball Fan," in *Digital Media Sport: Technology, Power and Culture in the Network Society*, ed. Brett Hutchins and David Rowe (New York: Routledge, 2013), 37–51.

66. Jeanine Poggi, "Marketers Find Strengths, and Limits, to Twitter Amplify,"*Advertising Age*, July 16, 2014.

67. Garett Sloane, "NFL Says It's the Champ of Twitter's Amplify Program,"*Adweek*, June 29, 2014.

68. Ibid.

69. Tussey, "Desktop Day Games."

70. Abramovitch, "Twitter Partners with Viacom."

71. Mark Andrejevic, "The Work That Affective Economics Does," *Cultural Studies* 25, nos. 4–5 (2011): 604–620.

72. Stuart Kemp, "Viacom International Media Networks Partners with Twitter," *Hollywood Reporter*, October 8, 2013; Todd Spangler, "ABC Signs on to Twitter's Advertising Program, Starting with #Oscars," *Variety*, February 27, 2014.

73. Brian Steinberg, "Fox, American Express Take to Twitter to Promote Sharing of TV-Show Clips," *Variety*, November 14, 2013; Janko Roettgers, "Twitter Does First Season-Long Amplify Ad Deal for 'Pretty Little Liars,' " *Variety*, June 29, 2015.

74. Roettgers, "Twitter Does First Season-Long Amplify Ad Deal."

75. Poggi, "Marketers Find Strengths, and Limits."

76. Ibid.

77. Meehan, "Why We Don't Count."

78. Allie Kosterich and Philip M. Napoli, "Reconfiguring the Audience Commodity: The

Institutionalization of Social TV Analytics as Market Information Regime," *Television & New Media* 17, no. 2 (2015): 99–107.

79. 尼尔森推特电视收视率只计算节目播出前后三小时的推文。

80. Anthony Ha, "Nielsen's Steve Hasker Says the New Twitter TV Rating Isn't Just for Advertisers," *TechCrunch,* December 17, 2012.

81. Lisa de Moraes, "Full 2014–15 TV Season Series Rankings," *Deadline Hollywood,* May 21, 2015.

82. Nielsen, "TV Season in Review."

83. Ibid.

84. De Moraes, "Full 2014–15 TV Season Series Rankings."

85. Alex Ben Block, "NATPE Keynote: Twitter Execs Say Platform Will Impact TV Ad Rates at Next Upfronts," *Hollywood Reporter,* January 27, 2014.

86. Matthew Pittman and Alec C. Tefertiller, "With or Without You: Connected Viewing and Co-viewing Twitter Activity for Traditional Appointment and Asynchronous Broadcast Television Models," *First Monday* 20, no. 7 (2015), http://firstmonday.org.

87. Nielsen, "Who's Tweeting about TV?," Nielsen Newswire, May 19, 2014.

88. Nielsen, "From Live to 24/7: Extending Twitter TV Engagement beyond the Live Airing," Nielsen Newswire, December 15, 2014.

89. Ibid.

90. Christopher Heine, "5 Things Advertisers Should Know about Twitter's NFL Livestreaming Deal," *Adweek,* April 5, 2016.

91. Todd Spangler, "BBC Creating News Program about Twitter Trends to Be Broadcast via Twitter," *Variety,* October 23, 2013.

92. Sarah Perez, "SEEiT, the Feature That Turns Twitter into a Remote Control for Comcast Subscribers, Rolls Out This Week," *TechCrunch,* November 22, 2013.

93. Shea Bennett, "Have You Seen the Twitter Mirror?," *Adweek,* December 18, 2013; Kayvon Beykpour, "Periscope Broadcasts: Live on Twitter," Twitter, January 12, 2016.

94. Todd Spangler, "Why Twitter's NFL Deal Won't Really Move the Ball," *Variety,* April 7, 2016.

95. Todd Spangler, "Twitter Lands NFL 'Thursday Night Football' Streaming Deal," *Variety,* April 5, 2016.

96. Agence France-Presse, "Twitter an Awkward Child."

97. Lee and Andrejevic, "Second-Screen Theory."

98. 平台移动性是营销材料中使用的术语，在查克·特赖恩所著的《点播文化》（*On-Demand Culture*）中有详细描述。

99. Ibid., 62.

100. Ibid., 64.

101. Ibid., 66.

102. Ibid.

103. Ibid., 72.

104. David Morley, *Television, Audiences and Cultural Studies* (New York: Routledge, 1992), 134, citing James Lull, "How Families Select Television Programs: A Mass-Observational Study," *Journal of Broadcasting & Electronic Media* 26, no. 4 (1982): 802.

105. Morley, *Television, Audiences and Cultural Studies*, 132.

106. Ibid., 140.

107. Dish Network, "Who Wears the Pants?," advertisement, August 6, 2016, available at https://www.ispot.tv/ad/ATzi/dish-network-hopper-who-wears-the-pants.

108. Wilson, "In the Living Room," 183.

109. Ibid., 184.

110. Ibid.

111. William Uricchio, "Television's Next Generation," in *Television after TV: Essays on a Medium in Transition*, ed. Lynn Spigel and Jan Olsson (Durham, NC: Duke University Press, 2004), 169.

112. Morley, *Television, Audiences and Cultural Studies*, 148.

113. Ibid., 149.

114. Ibid., 145.

115. Susan Kelley, "Gender Equality's Final Frontier: Who Cleans Up," *Cornell Chronicle*, January 22, 2013.

116. Belfast5348，评价 "Sound during Ads,"（广告时间的声音问题）2015年10月25日，Xfinity网站和移动应用论坛："我建议你们在那些播出的广告中加入工具栏和声音功能，这样就可以在网上同步观看 Xfinity 了。作为妻子，我是一个橄榄球迷，我在网上看球赛时，我丈夫在看电视。广告没有可以调节声音的工具栏，我戴着耳机，声音开到最大，这是很危险的。听众应该有能够调节声音，又不用退出窗口菜单或标签页。"

117. Doconnor6408,"Re: Xfinity TV App,"（Xfinity 电视应用）2016 年 2 月 19 日，Xfinity TV 应用论坛："想看看有没有人能帮帮我！我是 X1 的菜鸟，想在我的亚马逊 Fire HD 上安装 Xfinity TV 应用，观看当地的新闻，又不妨碍我的另一半看电视。"

118. Carols46,"Can't Stream Live TV,"（无法用流媒体看电视直播）2015 年 4 月 2 日，Xfinity TV 应用论坛："我想在电脑上也看 Cavs，也用 Chrome 浏览器。提示我节目属于 TV-MA（指这级电视节目可能含有不适合 17 岁以下未成年人或只适合成年观众收看的内容。这种节目会过量地涉及暴力、性和裸露镜头和不雅用语的内容。——译者注），然后也没有错误代码，而是出现了黑屏，我也没法儿看 A&E 直播。我猜应该是直播流媒体坏了。我没有在我的 Kindle Fire HDX 试过 Xfinity 应用，但是 Watch TNT 应用还能用，所以我至少还能看（尽管我希望能在更大的屏幕上看）。我们只有一台电视，还被我丈夫霸占着！"；TheJessle,"Xfinity TV Online Broken Due to Service Transfer Request?"（因为服务转换请求，Xfinity 电视在线歇菜了）2015 年 7 月 21 日，Xfinity TV 应用论坛："最重要的是，我是对的。我登录账号是为了追电视剧，而我丈夫在客厅用电视打视频游戏（我们家里只有一台电视和一台 DVD，因为之前对我们而言这一直不是什么问题）——但是 DVD 没有图像了，联网电视应用无法读取这个家庭网（虽然网站可以读取），而且点播内容也出不来了，因为新账号好几周都没用过了。"

119. RH2514,"Watching live TV on my laptop,"（在笔记本上看电视直播），2012 年 7 月 28 日，Xfinity TV 应用论坛："从昨天晚上起我们就装上了 X-Finity，我有一个很简单的问题，但是康卡斯特上无人能回答，如果我的丈夫下午六点钟在客厅里看直播，那我能不能在客厅中用我的笔记本看一个不一样的电视节目直播？"

120. TheDaveMitchell,"SF Giants," April 22, 2015, Xfinity Website and Mobile App Forum.

121. RayGoQuestions,"Watch live TV on Computer in-home," March 6, 2016, Xfinity Website and Mobile App Forum.

122. QuessP,"Suggestion — Categories for Recordings," February 5, 2016, Xfinity Website and App Forum.

123. Majesty1919,"Re: Preventing others from deleting my shows on DVR,"（防止他人删除我在 DVR 上的节目），2014 年 4 月 1 日，康卡斯特 X1 论坛："有没有方法通过密码保护我的 DVR 内容。我女儿删除了我的节目，好给她自己的东西腾空间。我想要设置一下 DVR，需要提供密码，防止无意或有意删除材料。感谢，勒妮（Renee）。"

124. Lisa Guernsey,"Science-Based Advice on Toddler Screen Time," *Slate*, November 13, 2014.

125. cnunes6636, "Re: Need Nicktoons app/offer it as a live stream on xfinity go!," March 20, 2016, Xfinity Website and App Forum.
126. Tiffany_Ivanov, "Can't Download Purchased Movies," March 10, 2016, Xfinity Website and App Forum.
127. Alexandra Samuel, "Happy Mother's Day: Kids' Screen Time Is a Feminist Issue," *JStor* Daily, May 3, 2016.
128. Todd Spangler, "Password Sharing: Are Netflix, HBO Missing $500 Million by Not Cracking Down?," *Variety,* July 15, 2015.
129. Morley, *Family Television,* 11.
130. Bella1213, "Access TV Shows on Laptop," January 26, 2013, Xfinity Website and Mobile App Forum.
131. Tryon, *On-Demand Culture,* 72.
132. Stauff, "Second Screen," 134.
133. Ibid., 135.
134. James Bennett, " 'Your Window-on-the-World': The Emergence of Red Button Interactive Television in the UK," *Convergence: The International Journal of Research into New Media Technologies* 14, no. 2 (2008): 161–182.
135. Daniel Chamberlain, "Scripted Spaces: Television Interfaces and the Non- Places of Asynchronous Entertainment," in *Television as Digital Media,* ed. James Bennett and Niki Strange (Durham, NC: Duke University Press, 2011), 230–254.
136. Daniel Chamberlain, "Television Interfaces," *Journal of Popular Film & Television* 38, no. 2 (2010): 84–88.
137. Comcast Corporation, "Comcast Launches X1 — A Next-Generation Cloud-Based Video Platform," *PR Newswire,* August 1, 2013.
138. Karen Orr Vered, "Televisual Aesthetics in Y2K: From Windows on the World to a Windows Interface," *Convergence* 8, no. 3 (2002): 40–60.
139. Wildrisc, "Re: X1–DVR," September 29, 2013, Comcast X1 Forum.
140. Ckpeck, "How do I switch TV the 'Watch TV Live' site changes the channels of?," August 24, 2014, Xfinity Website and App Forum.
141. JPL, "DSL Reports," April 26, 2014, Verizon Fios Forum.

结　论　普适计算和物联网时代下的碎片时间经济

1. Rob Kitchin and Martin Dodge, *Code/Space: Software and Everyday Life* (Cambridge, MA: MIT Press, 2011), 221.
2. Ibid., 216.
3. 了解互联网在全世界不同的体验方式，参见 Cyrus Farivar, *The Internet of Elsewhere: The Emergent Effects of a Wired World* (New Brunswick, NJ: Rutgers University Press, 2011).
4. Nate Silver, *The Signal and the Noise: Why So Many Predictions Fail but Some Don't* (New York: Penguin, 2012), 162.
5. Kitchin and Dodge, *Code/Space*, 247.
6. Samsung, "Birthday Party," advertisement, August 18, 2016, available at https://www.ispot.tv/ad/ATeV/samsung-family-hub-birthday-ft-kristen-bell-dax-shepard.
7. "Kristen Bell and Dax Shepard Return in Samsung's New Home Appliance Marketing Campaign," *Business Wire,* May 10, 2016.
8. Lynn Spigel, *Welcome to the Dreamhouse: Popular Media and Postwar Suburbs* (Durham, NC: Duke University Press, 2001).
9. 这种恐惧得到了菲利普·霍华德（Philip Howard）的支持，见 *Pax Technica: How the Internet of Things May Set Us Free or Lock Us Up* (New Haven, CT: Yale University Press, 2015).
10. Paul Mozur and Su-Hyun Lee, "Samsung to Recall 2.5 Million Galaxy Note 7s over Battery Fires," *New York Times,* September 2, 2016.
11. Samsung, "Samsung Introduces an Entirely New Category in Refrigeration as Part of Kitchen Appliance Lineup at 2016 CES," press release, Samsung Newsroom, January 5, 2015.
12. Carlos Barreneche, "The Cluster Diagram: A Topological Analysis of Locative Networking," in *Locative Media,* ed. Rowan Wilken and Gerard Goggin (New York: Routledge, 2015).
13. Ibid., 113.
14. Paresh Dave and Meg James, "Viacom, Snapchat Expand Content, Ad Deal," *Los Angeles Times,* February 10, 2016.
15. Katie Rogers, "*X-Men: Apocalypse* Takes over Snapchat Lenses in Film Promotion," *New York Times,* May 24, 2016.

16. Ibid.
17. Mark Andrejevic, "The Work That Affective Economics Does," *Cultural Studies* 25, nos. 4–5 (2011): 604–620.
18. J. Sage Elwell, "The Transmediated Self: Life between the Digital and the Analog," *Convergence: The International Journal of Research into New Media Technologies* 20, no. 2 (2014): 233‑249.
19. Reuters, "Pokemon Go Can Boost Health by Making Gamers Exercise, Says GP," *Guardian,* August 10, 2016.
20. "Get Up, Get Out, and Explore!," Pokémon Go webpage, accessed July 11, 2016, www.pokemongo.com.
21. Gabriel Rosenberg, "Pokémon Go Is Catching Us All — In Unexpected Ways," NPR, July 11, 2016.
22. Luke Kawa and Lily Katz, "These Charts Show That Pokemon Go Is Already in Decline," Bloomberg Markets, August 22, 2016.
23. Pokémon Go, "Get Up and Go!," YouTube, July 6, 2016, https://www.youtube.com/watch?v=SWtDeeXtMZM&feature=youtu.be.
24. Karen K. Ho, "Players and Quitters: Who's Still Playing Pokemon Go?," *Globe and Mail,* August 31, 2016.
25. Ibid.
26. Henry Jenkins, *Convergence Culture: Where Old Media and New Media Collide* (New York: NYU Press, 2006), 5.
27. 鲁珀特·默多克（Rupert Murdoch）在1988年宣布要投身于跨媒体制作。David S. Vise, "The World According to Rupert Murdoch: How the High- Rolling Billionaire Views the Media, Business and Management," *Washington Post*, August 14, 1988.
28. Jennifer Holt, *Empires of Entertainment: Media Industries and the Politics of Deregulation, 1980–1996* (New Brunswick, NJ: Rutgers University Press, 2011).
29. Justin Wyatt, *High Concept: Movies and Marketing in Hollywood* (Austin: University of Texas Press, 2010).
30. Toby Miller, Nitin Govil, John McMurria, Richard Maxwell, and Ting Wang, *Global Hollywood* 2 (London: BFI, 2005).
31. Grainge, *Brand Hollywood.*

32. Axel Bruns, Blogs, *Wikipedia, Second Life, and Beyond: From Production to Produsage* (New York: Peter Lang, 2008); Jenkins, *Convergence Culture*.
33. Turow, *Daily You;* Lotz, *Television Will Be Revolutionized;* Chuck Tryon, *Reinventing Cinema: Movies in the Age of Media Convergence* (New Bruns-wick, NJ: Rutgers University Press, 2009).
34. Cecilia Kang, "Broadband Providers Will Need Permission to Collect Private Data," *New York Times*, October 27, 2016.